INSTRUCTION

SUR LA TENUE

DES REGISTRES

DE L'ÉTAT CIVIL.

ON TROUVE A LA MÊME LIBRAIRIE:

INSTRUCTION
SUR LA TENUE
DES REGISTRES
DE L'ÉTAT CIVIL

ET SUR

LA RÉDACTION DES PROCÈS-VERBAUX,

A L'USAGE

DES SECRÉTAIRES DE MAIRIE ET DES ÉLÈVES DES ÉCOLES NORMALES,

OUVRAGE APPROUVÉ PAR LE CONSEIL ROYAL DE L'INSTRUCTION PUBLIQUE,

Par A. GIROUD,

CHEF DE BUREAU A LA PRÉFECTURE DE LOIR-ET-CHER.

Troisième Edition.

PARIS,

ED. TÈTU ET Cie, LIBRAIRES,

RUE J.-J. ROUSSEAU, 3.

— 1842 —

Paris, le 17 décembre 1834.

Le ministre de l'instruction publique, à M. Giroud, chef de bureau à la préfecture de Loir-et-Cher.

MONSIEUR,

J'ai examiné en séance du conseil royal de l'instruction publique, le 2 décembre courant, l'ouvrage intitulé : *Instruction sur la tenue des registres de l'état civil et sur la rédaction des procès-verbaux*, que vous avez présenté à l'adoption universitaire.

D'après le rapport de la commission chargée de la révision de tous les livres destinés aux écoles primaires, il a été décidé que l'usage de votre ouvrage serait recommandé dans les écoles normales primaires.

Cette décision a été notifiée à MM. les recteurs des diverses académies par une lettre circulaire en date de ce jour.

Recevez, Monsieur, l'assurance, etc.

Le ministre de l'instruction publique,

Signé GUIZOT.

PRÉFACE.

Dans les communes rurales, les instituteurs primaires sont souvent appelés à remplir les fonctions de secrétaire de la mairie ; c'est même une nécessité, dans la plupart des petites localités, qu'ils soient chargés de cet emploi. Il leur importe donc d'en connaître les devoirs, et c'est pour leur faciliter l'accomplissement des principales obligations qu'ils ont à remplir sous ce rapport, que le réglement sur les écoles normales a prescrit d'exercer les élèves à la rédaction des actes de l'état civil et des procès-verbaux. Ces actes sont en effet au nombre des plus importants qu'ait à faire l'autorité municipale, puisque de leur régularité dépendent la sécurité des familles, le maintien du bon ordre ou la sûreté des individus. Il est donc essentiel qu'en cas d'absence ou d'empêchement du maire, le secrétaire de la mairie, chargé de préparer les actes à soumettre à la signature de ce fonctionnaire, ait une parfaite connaissance de la nature de ces actes et des formes de leur rédaction, afin d'éviter les irrégularités qui pourraient en vicier le contenu et quelquefois même les rendre nuls.

Ces observations expliquent dans quel but ce petit traité a été fait. Il était destiné d'abord à servir seulement de texte à des leçons données sur la rédaction des registres de l'état civil, dans un cours normal qui réunissait un certain nombre d'instituteurs primaires. Le bon effet de ces leçons, les connaissances pratiques qu'ont promptement acquises ceux qui les ont suivies, ont fait penser à l'auteur qu'elles pourraient être successivement utiles à d'autres élèves, et l'ont déterminé à les faire imprimer. Il a pensé aussi qu'on accueillerait peut-être avec bienveillance un travail, qui, bien qu'il ne fasse que reproduire des règles déjà connues, des commentaires déjà donnés, présente la réunion des diverses dispositions relatives aux actes de l'état civil, et offre en même temps des formules d'actes pour les différents cas qui peuvent avoir lieu.

INSTRUCTION

SUR LA TENUE

DES REGISTRES

DE L'ÉTAT CIVIL.

CHAPITRE Ier. — DISPOSITIONS GÉNÉRALES.

§ 1. *Des officiers de l'état civil.*

Le fait de la naissance, du mariage et de la mort des personnes est constaté par des officiers publics, que la loi a institués sous le nom *d'officiers de l'état civil.*

Les maires des communes sont *officiers de l'état civil.* Ils sont chargés, à ce titre, de recevoir les déclarations relatives à l'état civil, et de tenir et conserver les registres des actes qui constatent les naissances, mariages et décès.

Le maire peut, par délégation spéciale, charger un adjoint de tenir les registres l'état civil; alors celui-ci fait les actes en son nom, quoique le maire soit présent. Dans ce cas, chaque acte dressé par l'adjoint spécialement délégué par le maire doit contenir la mention expresse de sa délégation, ainsi qu'il est indiqué par la formule n° 1er (1).

(1) Voyez le recueil des formules, à la suite de cette instruction.

*

La même mention doit être faite dans le certifié de tout extrait des registres de l'état civil, délivré par l'adjoint spécialement délégué.

Lorsque le maire se trouve dans l'impossibilité de vaquer à ses fonctions, pour cause de maladie, d'absence, ou par suite d'autre empêchement, il est remplacé de droit par l'adjoint. Alors le commencement de l'acte doit être rédigé conformément à la formule n° 2.

Si le maire et l'adjoint sont empêchés ou absens, un membre du conseil municipal est appelé à les remplacer; dans ce cas, la formule n° 2 doit encore être suivie, en substituant la qualification de conseiller municipal à celle d'adjoint.

Aucun acte de l'état civil ne peut être rédigé d'office, il faut toujours une déclaration préalable.

§ 2. *De la forme et du nombre des registres.*

Code civil, art, 40. « Les actes de l'état civil seront inscrits, » dans chaque commune, sur un ou plusieurs registres tenus » doubles. »

Il y a, pour l'inscription des actes de l'état civil, quatre registres qui sont renouvelés chaque année, savoir :

Un registre pour les naissances;
Un registre pour les publications de mariage;
Un registre pour les mariages;
Un registre pour les décès.

Les registres de naissances, mariages et décès sont tenus en double. Celui des publications de mariages est unique. (*Code civil*, *art.* 63.)

Les registres de l'état civil, ainsi que les feuilles supplémentaires qui peuvent y être ajoutées, doivent être en papier timbré.

On ne peut, dans aucun cas, considérer l'un des doubles des registres comme la copie de l'autre; tous les deux sont originaux; ils doivent être absolument semblables, et présenter mot pour mot les mêmes inscriptions et les mêmes signatures.

§ 3. *Du paraphe des registres.*

Code civil, art. 41. « Les registres seront cotés par première » et dernière, et paraphés sur chaque feuille, par le président « du tribunal de première instance, ou par le juge qui le rem- « placera. »

Cette sage disposition a pour but de prévenir l'intercalation ou la soustraction des actes. Le premier soin à prendre, lorsqu'on reçoit dans une mairie les registres destinés à l'inscription des actes de l'état civil, est de s'assurer si toutes les feuilles ont été exactement cotées et paraphées. Si cette formalité avait été omise sur quelque feuille, on devrait renvoyer immédiatement le registre où cette omission existerait au greffe du tribunal de première instance, pour la faire réparer.

En aucun cas, on ne peut se servir de feuilles supplémentaires sans qu'elles aient été préalablement cotées et paraphées, comme il vient d'être dit. Il importe donc d'avoir soin, lorsqu'un registre est près d'être entièrement rempli, et qu'on peut présumer le besoin de feuilles supplémentaires, d'en faire la demande à l'avance à l'autorité, afin de ne pas se trouver dans l'impossibilité de rédiger un acte à l'instant même de la déclaration.

§ 4. *Énonciations exigées dans les actes.*

Code civil, art. 34. « Les actes de l'état civil énonceront » l'année, le jour et l'heure où ils seront reçus; les prénoms, » noms, âge, profession et domicile de tous ceux qui y seront » dénommés. »

En déterminant les énonciations communes à tous les actes, cet article n'indique pas tout ce que les actes doivent contenir. On verra dans les paragraphes suivants, qu'il est nécessaire que chaque acte relate les faits et les circonstances dont il doit établir la preuve légale.

Le plus grand soin doit être apporté à inscrire les actes sur les registres selon leur ordre de *date*, sans l'intervertir aucunement. En agir autrement, serait une négligence blâmable, qui aurait pour premier inconvénient de causer de l'embarras dans les recherches.

Il importe de ne point omettre *l'heure*. Cette omission, contraire à la loi, pourrait être nuisible en diverses circonstances, notamment en cas de décès pour les successions, et en cas de mariage pour les oppositions.

Quant à l'énonciation des *prénoms et noms*, on doit la faire selon l'ordre prescrit par la loi, c'est-à-dire mettre d'abord les *prénoms* et ensuite les *noms*. Il faut s'abstenir de désigner les personnes dans les actes autrement que par les prénoms portés à leur acte de naissance, et d'ajouter aucun surnom à leur nom propre.

La loi prescrit d'énoncer la *profession*. Quoiqu'elle ne parle pas des *qualités*, il est pourtant dans l'ordre de les énoncer également. C'est un moyen d'établir d'une manière encore plus positive l'identité des parties.

Si l'une des parties est sans profession, il faut le mentionner en ces termes : *Sans profession.*

§ 5. *Énonciations interdites dans les actes.*

Code civil, art. 35. « Les officiers de l'état civil ne pourront » rien insérer dans les actes qu'ils recevront, soit par note, soit » par énonciation quelconque, que ce qui doit être déclaré par » les comparants. »

Il est d'une grande importance de se conformer scrupuleusement, pour la redaction des actes, à cet article, qui veut, d'une part, qu'il ne soit rien ajouté aux déclarations des comparants, et de l'autre, qu'on se borne à n'y insérer que les seules énonciations que la loi autorise, sans tenir compte de celles que les déclarants y ajouteraient par surabondance.

Un officier de l'état civil rédigeant un acte n'est pas juge, mais seulement greffier, et en cette qualité, il doit s'abstenir d'insérer aucune énonciation, aucune note de son chef; il lui est interdit de faire ni interpellation, ni recherche sur des faits qui ne doivent pas être consignés, ou sur la vérité des déclarations faites. Son ministère doit se borner à recevoir ces déclarations dans la forme déterminée par la loi, dont le but, en ce cas, est de garantir les actes des atteintes que pourraient porter à leur régularité des déclarations vagues, inexactes ou dictées par la passion ou l'intérêt personnel.

Toute déclaration doit donc être réduite aux seuls faits que la loi veut faire consigner dans les actes, et ce principe conservateur sera notre règle, dans les développements que nous donnerons en parlant de chaque nature d'actes.

§ 6. *De la comparution des parties.*

Code civil, art. 36. « Dans les cas où les parties intéressées » ne seront point obligées de comparaître en personne, elles » pourront se faire représenter par un fondé de procuration » spéciale et authentique. »

Il faut remarquer qu'en accordant aux parties la faculté de se faire représenter, cet article ne la donne pas à celles qui doivent comparaître *en personne*. Les futurs époux, par exemple, doivent nécessairement comparaître. Il en est de même des déclarants et des témoins, qui ne sauraient être admis à faire attester par un tiers, un fait qui est à leur connaissance personnelle.

Lorsqu'il y a procuration pour comparaître à un acte de l'état civil, elle doit être *spéciale*, c'est-à-dire donnée pour le fait même de la comparution; elle doit être *authentique*, c'est-à-dire passée devant notaire et duement légalisée. Cette procuration doit être annexée à l'acte.

§ 7. *Des témoins appelés aux actes.*

Code civil, art. 37. « Les temoins produits aux actes de l'état » civil ne pourront être que du sexe masculin, âgés de vingt-» et-un ans au moins, parents ou autres, et ils seront choisis » par les parties intéressées. »

Cet article, qui exige que les témoins soient du sexe masculin, n'impose pas la même condition pour les *déclarants;* on peut en conclure que ces derniers peuvent être indistinctement choisis parmi les hommes et les femmes. Nous verrons plu loin que l'article 50 du Code fait même un devoir aux sages-femmes de la déclaration de naissance qu'il prescrit.

Il ne faut pas confondre les *parties* avec les *déclarants* ou *témoins*. Toute *partie* dans un acte ne peut être *témoin*, car il est évident qu'elle ne peut se servir de témoin à elle-même. Il faut toujours, pour chaque espèce d'acte, le nombre de personnes déterminé par la loi, pour en assurer la régularité.

Un usage blâmable serait celui de ne pas exiger que les déclarants fussent assistés de témoins, sauf à faire signer ensuite en cette qualité les personnes qu'on aurait à sa disposition. En agissant ainsi, on dépouillerait l'acte du témoignage qui doit assurer sa sincérité, et, ce qui serait plus grave, on commettrait un faux.

§ 8. *De la lecture des actes.*

Code civil, art. 38. « L'officier de l'état civil donnera lecture » des actes aux parties comparantes, ou à leur fondé de procu- » ration, et aux témoins.

» Il y sera fait mention de l'accomplissement de cette formalité. »

La lecture de l'acte aux parties, immédiatement après sa rédaction et avant qu'il soit signé, ne doit jamais être omise; elle a pour but de leur faire bien connaître son contenu; c'est d'ailleurs un moyen de vérifier les énonciations qui y sont établies, et de faire reconnaître les erreurs qui auraient pu être commises dans la rédaction.

§ 9. *De la signature des actes.*

Code civil, art. 39. « Ces actes seront signés par l'officier de » l'état civil, par les comparants et les témoins; ou mention

» sera faite de la cause qui empêchera les comparants et les té-
» moins de signer. »

Nous indiquerons, en nous occupant des différentes sortes d'actes, quelles sont les parties, déclarants et témoins qui doivent les signer Nous nous bornons à faire remarquer ici que les actes de l'état civil doivent être complètement signés à l'instant où ils sont reçus, car autrement il pourrait arriver que l'une des parties se trouvât plus tard dans l'impossibilité de remplir cette formalité essentielle, ce qui pourrait faire supposer que sa présence aurait été faussement attestée dans l'acte.

§ 10. *De l'inscription des actes.*

Code civil, art. 42. « Les actes seront inscrits sur les regis-
» tres, de suite, sans aucun blanc. Les ratures et les renvois se-
» ront approuvés et signés de la même manière que le corps de
» l'acte. Il n'y sera rien écrit par abréviation, et aucune date
» ne sera mise en chiffres. »

Les dispositions de cet article ne sont pas toujours exactement remplies, et quelques observations sur la nécessité comme sur la manière de s'y conformer ne sauraient être superflues.

1° *Les actes seront inscrits de suite sans aucun blanc*, c'est-à-dire qu'il seront rédigés à la suite l'un de l'autre, sans aucun intervalle que celui nécessaire pour la signature des parties. Ils ne doivent présenter ni alinéa, ni interligne, ni insertion entre les mots, ni portion de lignes non écrites. Si, dans un modèle donné, dans une formule imprimée, par exemple, des blancs se trouvaient n'être pas entièrement remplis par les indications qu'ils doivent recevoir, il faudrait achever de les remplir par un trait de plume fortement prononcé, qui ne permît aucune addition.

2° *Les ratures et les renvois seront approuvés et signés de la même manière que le corps de l'acte*, c'est-à-dire qu'ils seront approuvés par la signature, *en toutes lettres*, de toutes les parties, et non par un simple paraphe.

Les renvois doivent être portés en marge de l'acte.

La mention de l'approbation des ratures doit être faite en ces termes : *approuvé tant de mots rayés comme nuls*, *à telle ou telle ligne*.

Aucun mot ne doit être surchargé. Il vaut mieux le biffer par un trait de plume, qui permette néanmoins de le lire, et le reporter en marge par un renvoi approuvé.

3° *Il ne sera rien écrit par abréviation*; ainsi il faut s'abstenir d'écrire les prénoms des témoins autrement qu'en toutes lettres, et de mettre, par exemple, P^re^ pour *Pierre*, F^ois^ pour *François*, etc. Il faut surtout s'attacher à écrire les noms très lisiblement.

4° *Aucune date ne sera mise en chiffres*. Remarquons que la loi ne distingue point ; ainsi c'est non-seulement la date de l'acte, mais encore toutes les dates qui y seraient relatées qu'on doit écrire en toutes lettres.

CHAPITRE II. — DES ACTES DE NAISSANCES.

§ 1er. *Des déclarations de naissance.*

Code civil, art. 55. « Les déclarations de naissance seront » faites, dans les trois jours de l'accouchement, à l'officier de » l'état civil du lieu. L'enfant lui sera présenté. »

Il résulte de la disposition précise de cet article, que si un enfant naît dans la journée du *lundi*, la déclaration devra en être faite au plus tard le *mercredi.*

La présentation de l'enfant est indispensable, car l'officier de l'état civil doit s'assurer par ses yeux de son existence et de son sexe.

§ 2. *Des déclarants et de la rédaction de l'acte.*

Code civil, art. 56. « La naissance de l'enfant sera déclarée » par le père, ou, à défaut du père, par les docteurs en médeci- » ne ou en chirurgie, sages-femmes, officiers de santé ou autres » personnes qui auront assisté à l'accouchement ; et, lorsque la » mère sera accouchée hors de son domicile, par la personne » chez qui elle sera accouchée. »

» L'acte de naissance sera rédigé de suite, en présence de » deux témoins. »

Lorsqu'un enfant nouveau-né est le fruit du mariage, c'est au père à faire la déclaration prescrite *(Voir la formule n° 3).*

Si le père est absent ou empêché, ou si la mère n'est pas mariée, la déclaration doit être faite par le médecin ou la sage-femme. Si la mère est accouchée ailleurs que dans son domicile ordinaire, c'est à la personne qui a la direction de la maison à faire la déclaration *(Voir la formule n° 4).*

La recherche de la paternité est formellement interdite par la loi, ainsi on ne peut insérer dans l'acte de naissance d'un enfant né *hors mariage* le nom du père qui ne comparaît pas ou ne se fait pas connaître lui-même (*Voir la formule n*° 5). Mais on peut, on doit même faire mention du nom du père s'il y consent, et s'il manifeste son consentement, soit en comparaissant à l'acte, soit par une procuration authentique donnant pouvoir de signer cet acte en son nom. Dans ce dernier cas, la procuration doit rester annexée à l'acte (*Voir les formules n*os 6 et 7).

L'acte de naissance doit être rédigé à l'instant même de la déclaration. Ce serait une infraction à la loi que de le faire postérieurement sur de simples notes qu'on aurait prises.

L'acte à faire, lorsque le cadavre d'un enfant dont la naissance n'a pas été enregistrée est présente à l'officier de l'état civil, devant être inscrit sur le registre des décès, il sera parlé de la forme de cet acte au chapitre des décès.

§ 3. *De la forme de l'acte de naissance.*

Code civil, art. 57. « L'acte de naissance énoncera le jour, » l'heure et le lieu de la naissance, le sexe de l'enfant, et les » prénoms qui lui seront donnés ; les prénoms, noms, profes- » sion et domicile des père et mère, et ceux des témoins. »

Les explications déjà données relativement aux énonciations exigées dans les actes de l'état civil ont indiqué en partie les exigences de cet article, et les moyens d'y satisfaire. Ajoutons quelques observations sur le soin qui doit être apporté à l'exécution de ses dispositions.

Parmi les prescriptions qu'il contient, celle d'indiquer *l'heure* de la naissance est une des plus importantes. De l'omission de cette indication pourraient naître dans la suite de graves inconvénients pour l'intérêt des familles.

Il résulte de la prescription d'énoncer les *prénoms* donnés à l'enfant, que la loi ne s'oppose pas à ce qu'il lui en soit donné plusieurs. Il serait peut-être mieux qu'on ne lui en donnât qu'un seul, pour prévenir les inconvénients ou les embarras qui peuvent être la suite de l'interversion des prénoms, ou de l'omission de l'un d'eux dans les différents actes de la vie civile; mais en cela, il faut se conformer exactement à la volonté du déclarant. Toutefois, il importe de ne pas donner à un enfant les mêmes prénoms que ceux de ses frères ou sœurs, afin d'éviter la confusion que pourrait occasioner cette similitude de prénoms.

On doit s'abstenir, dans un acte de naissance, de donner pour prénom ou surnom à un enfant naturel le nom de famille de l'individu auquel on voudrait attribuer la paternité.

Il est interdit, par une loi du 11 germinal an XI (1er avril 1803), d'admettre comme prénoms, dans les actes de naissance, d'autres noms que ceux en usage dans les différents calendriers et ceux des personnages connus dans l'histoire ancienne.

La naissance d'enfants *jumeaux* peut être déclarée par la même personne, assistée des mêmes témoins; mais on doit faire un acte séparé pour chaque jumeau, en faisant déclarer l'ordre dans lequel ils sont nés, et l'heure précise de la naissance de chacun. Les actes doivent être inscrits selon l'ordre de la déclaration. Il ne peut qu'être utile d'énoncer dans chacun de ces actes que la naissance de l'enfant qui y est dénommé a été déclarée avec celle d'un ou de deux jumeaux.

Il importe aussi de ne pas donner les mêmes prénoms aux jumeaux.

§ 4. *Manière de constater la naissance d'un enfant trouvé.*

Code civil, art. 58. « Toute personne qui aura trouvé un en- » fant nouveau-né sera tenue de le remettre à l'officier de l'état » civil, ainsi que les vêtements et autres effets trouvés avec l'en- » fant, et de déclarer toutes les circonstances du temps et du » lieu où il aura été trouvé.

» Il en sera dressé un procès-verbal détaillé, qui énoncera » en outre l'âge apparent de l'enfant, son sexe, les noms qui lui » seront donnés, l'autorité civile à laquelle il sera remis. Ce » procès-verbal sera inscrit sur les registres de l'état civil. »

Il arrive quelquefois que des parents dénaturés abandonnent un malheureux enfant à la commisération publique. Cet infortuné, privé de famille dès l'instant où il voit le jour, n'en est pas moins un être humain à la conservation duquel veille la loi, en faisant inscrire sa naissance sur les registres communs à tous les citoyens. Dans cette circonstance, l'officier de l'état civil doit se faire remettre tout ce qui aura été laissé à l'enfant dans cet abandon, et décrire le tout avec la plus grande exactitude dans le procès-verbal. Rien n'est à négliger dans ce cas : un simple vêtement, un haillon peut quelquefois servir à faire reconnaître un enfant à des parents qui voudraient le retrouver. Il faut donc constater avec soin le moindre indice propre à faciliter cette reconnaissance. L'acte doit en outre désigner l'âge que paraît avoir l'enfant, son sexe, les marques qu'il aurait sur le corps, ses vêtements et la marque qu'ils porteraient, les noms qu'on lui donne, etc. (*Voir la formule n° 8*).

Un enfant trouvé doit, aussitôt que sa naissance a été constatée, être porté à l'hospice le plus voisin.

§ 5. *Des actes de reconnaissance d'enfant.*

Code civil, art. 62. « L'acte de reconnaissance d'un enfant » sera inscrit sur les registres à sa date, et il en sera fait mention » en marge de l'acte de naissance, s'il en existe un. »

Lorsque des parents se présentent devant l'officier de l'état civil, pour reconnaître, soit un enfant trouvé, soit un enfant naturel, postérieurement à sa naissance, l'acte de reconnaissance doit être inscrit sur le registre des naissances, à la date du jour où elle a lieu. Il en est fait en même temps mention à la marge de l'acte de naissance de l'enfant. L'utilité de cette mention est évidente; elle doit offrir un renseignement précieux à l'enfant, qui, retirant son acte de naissance, pourrait ignorer sa reconnaissance ultérieure. Si la naissance d'un enfant naturel reconnu n'avait pas eu lieu dans la commune où se fait la reconnaissance, copie de l'acte de cette reconnaissance devrait être adressée à l'officier de l'état civil de la commune où l'enfant est né.

La reconnaissance d'un enfant peut être faite par le père ou la mère séparément, ou par l'un et l'autre conjointement (*Voir les formules n*os 9, 10 *et* 11).

CHAPITRE III. — DU MARIAGE.

§ 1er. *Des publications de mariage.*

Code civil, art. 63. « Avant la célébration du mariage, l'offi-
» cier de l'état civil fera deux publications, à huit jours d'inter-
» valle, un jour de dimanche, devant la porte de la maison com-
» mune. Ces publications, et l'acte qui en sera dressé, énonce-
» ront les prénoms, noms, professions et domiciles des futurs
» époux; leur qualité de majeurs ou de mineurs, et les prénoms,
» noms, professions et domiciles de leurs pères et mères. Cet acte
» énoncera, en outre, les jours, lieux et heures où les publica-
» tions auront été faites. Il sera inscrit sur un seul registre, qui
» sera coté et paraphé comme il est dit en l'article 41, et déposé
» à la fin de chaque année, au greffe du tribunal de l'arrondis-
» sement. »

Le texte détaillé de cet article, et les formules nos 12 et 13 suffisent pour mettre à portée de rédiger les actes de publications de mariage, soit entre majeurs, soit entre mineurs, assistés de leurs pères et mères ou autres ascendants, ou de leurs tuteurs.

Les deux publications doivent être faites le dimanche et à huit jours d'intervalle; c'est-à-dire que la seconde doit être faite le dimanche qui suit immédiatement la première. Par ces mots: *à huit jours d'intervalle*, la loi détermine un délai fixe, qui ne peut être ni étendu ni restreint. Ainsi les publications devant nécessairement être faites pendant deux dimanches consécutifs, il faudrait les renouveler s'il s'était écoulé plus d'une semaine entre la première et la seconde.

Il faut pour chaque publication un acte spécial, qui s'inscrit immédiatement à sa date sur le registre.

§ 2. *Du lieu où les publications doivent être faites.*

Code civil, art. 166. « Les deux publications ordonnées par » l'article 63, au titre *des actes de l'état civil*, seront faites à la » municipalité du lieu où chacune des parties contractantes aura » son domicile.

» *Art.* 167. Néanmoins, si le domicile actuel n'est établi que » par six mois de résidence, les publications seront faites en » outre à la municipalité du dernier domicile.

» *Art.* 168. Si les parties contractantes, ou l'une d'elles, sont, » relativement au mariage, sous la puissance d'autrui, les pu- » blications seront encore faites à la municipalité du domicile de » ceux sous la puissance desquels elles se trouvent. »

Il résulte de ces articles: 1° que le domicile, relativement au mariage, s'établit par le seul fait d'une habitation continue pendant six mois dans la même commune; 2° que si le domicile n'est établi que par six mois de résidence, les publications doivent être faites dans la commune du dernier domicile des futurs époux; 3° que si la résidence de six mois ou moins avait eu lieu successivement en différents lieux, les publications seraient encore à faire dans ces divers lieux; 4° que si les parties contractantes, ou l'une d'elles, sont, relativement au mariage, sous la puissance d'autrui, c'est-à-dire, si elles sont âgées, les filles de moins de 21 ans accomplis, et les garçons de moins de 25 ans, lorsqu'ils ont des ascendants vivants, et de moins de 21 ans lorsqu'ils n'en ont point, les publications doivent être faites au domicile des ascendants, parents ou tuteurs, dont le consentement est nécessaire pour le mariage.

§ 3. *De l'affiche des publications de mariage, et de l'époque où le mariage peut être célébré.*

Code civil, art. 64. « Un extrait de l'acte de publication sera » et restera affiché à la porte de la maison commune, pendant » les huit jours d'intervalle de l'une à l'autre publication. Le » mariage ne pourra être célébré avant le troisième jour, depuis » et non compris celui de la seconde publication. »

L'extrait de l'acte de publication qui doit être et rester affiché fait l'objet de la formule n° 14.

Le mariage ne pouvant être célébré que trois jours après la seconde publication, cette célébration ne peut avoir lieu au plus tôt, que le *mercredi* qui suit le dimanche auquel la seconde publication a été faite.

Quoique l'article 64 ne semble s'occuper que de l'affiche de la première publication, il est d'usage, dans beaucoup de communes, d'afficher aussi la seconde ; et cet usage est d'accord avec l'esprit de la loi, qui exige que la plus grande publicité soit donnée à l'accomplissement des formalités relatives au mariage.

§ 4. *Des publications surannées.*

Code civil, art. 65. « Si le mariage n'a pas été célébré dans » l'année, à compter de l'expiration du délai des publications, » il ne pourra plus être célébré qu'après que de nouvelles publi- » cations auront été faites dans la forme ci-dessus prescrite. »

Cet article n'a pas besoin d'explication. Il faut toutefois remarquer que le délai des publications n'expirant que le troisième jour après la seconde publication, un mariage, dont la seconde publication aurait été faite le dimanche premier janvier, pourrait encore être célébré le trois janvier de l'année suivante.

§ 5. *Des actes d'opposition et des mentions auxquelles ils donnent lieu.*

Code civil, art. 67. « L'officier de l'état civil fera, sans délai, » une mention sommaire des oppositions, sur le registre des pu» blications; il fera aussi mention, en marge de l'inscription, » desdites oppositions, des jugements ou des actes de main-levée » dont expédition lui aura été remise. »

Les publications de mariage peuvent donner lieu à des oppositions dont l'effet, lorsqu'elles sont légalement faites et signifiées, est d'empêcher la célébration du mariage tant qu'elles subsistent. Dans ce cas, il doit être fait, sur le registre des publications, une mention sommaire des oppositions, à l'instant même où elles sont remises. Lorsque ces oppositions sont levées, mention doit en être également faite en marge de leur inscription (*Voir les formules n^{os}* 15 *et* 16).

§ 6. *Justifications à faire par les contractants.*

Pour qu'un mariage puisse être célébré, il faut que les parties contractantes justifient :

1° Qu'il n'y a point d'opposition;

2° De leur identité;

3° Du consentement de ceux dont ils dépendent.

§ 7. *Preuves de la non-existence d'opposition.*

Code civil, art. 69. « S'il n'y a point d'opposition, il en sera » fait mention dans l'acte de mariage; et si les publications ont » été faites dans plusieurs communes, les parties remettront un » certificat délivré par l'officier de l'état civil de chaque commu» ne, constatant qu'il n'existe pas d'oppositions. »

Quand les contractants sont domiciliés dans la même commune, et si les publications n'ont pas dû être faites ailleurs, il n'y a point à exiger de justification qu'il n'y a pas eu d'opposition, car s'il en existait, l'officier de l'état civil en aurait connaissance, puisqu'elles lui auraient été notifiées. Mais cette justification est indispensable lorsque les contractants ont des domiciles divers, et lorsque les publications ont été faites en différents lieux. Elle s'établit par le certificat de l'officier de l'état civil de chaque commune où le mariage a été publié. Ce certificat, qui peut être rédigé conformément à la formule n° 17, a en outre pour but de prouver que les publications ont été faites régulierement aux résidences ou domiciles indiqués par la loi.

§ 8. *Justification de l'identité des parties.*

Cette justification s'opère par la remise de l'acte de naissance de chacun des futurs époux, ou d'un acte de notoriété destiné à en tenir lieu, lorsqu'il y a impossibilité que l'acte de naissance soit produit, ainsi qu'il est déterminé par l'article suivant du code.

« *Art.* 70. L'officier de l'état civil se fera remettre l'acte de » naissance de chacun des futurs époux. Celui des époux qui se- » rait dans l'impossibilité de se le procurer pourra le suppléer, » en rapportant un acte de notoriété, délivré par le juge de paix » du lieu de sa naissance, ou par celui de son domicile. »

§ 9. *Justification du consentement des père et mère.*

Lorsque les père et mère, ou autres ascendants

dont le consentement est requis, ne sont pas présents, leur consentement doit être produit par acte authentique, en la forme déterminée par l'article ci-après :

« *Art.* 73. L'acte authentique du consentement des père et » mère, aïeuls ou aïeules, ou, à leur défaut, celui de la famille, » contiendra les prénoms, nom, profession et domicile du futur » époux, et de tous ceux qui auront concouru à l'acte, ainsi » que leur degré de parenté. »

§ 10. *Du lieu où le mariage est célébré.*

Code civil, art. 74. « Le mariage sera célébré dans la com» mune où l'un des deux époux aura son domicile. Ce domicile, » quant au mariage, s'établira par six mois d'habitation conti» nue dans la même commune. »

» Art. 165. Le mariage sera célébré publiquement devant » l'officier de l'état civil du domicile de l'une des deux parties. »

§ 11. *De la célébration du mariage.*

Code civil, art. 75. « Le jour désigné par les parties après les » délais des publications, l'officier de l'état civil, dans la maison » commune, en présence de quatre témoins, parents ou non » parents, fera lecture aux parties des pièces ci-dessus mention» nées, relatives à leur état et aux formalités du mariage, et du » chapitre VI du titre *du mariage*, sur *les droits et les devoirs* » *respectifs des époux.* Il recevra de chaque partie, l'une après » l'autre, la déclaration qu'elles veulent se prendre pour mari » et femme ; il prononcera, au nom de la loi, qu'elles sont unies » par le mariage, et il en dressera acte sur-le-champ. »

La commune où le mariage doit être célébré est au choix des époux, pourvu que l'un ou l'autre y ait le domicile exigé.

C'est dans la maison commune, ou dans le local qui en tient lieu, et en présence du public, que la célébration doit être faite.

Il est pourtant une circonstance dans laquelle le mariage peut être célébré ailleurs que dans la maison commune, c'est celle où l'un des deux époux se trouve dans l'impossibilité absolue de s'y rendre. L'officier de l'état civil peut alors, mais seulement dans ce cas, et après qu'il lui a été dûment justifié de cette impossibilité, se rendre dans le lieu où l'un des futurs se trouve retenu par ses infirmités, et y procéder publiquement, *les portes ouvertes*, à la célébration, en faisant mention de cette circonstance dans le préambule de l'acte.

La rédaction et la signature de l'acte doivent suivre immédiatement la prononciation du mariage. Remettre à un autre moment l'accomplissement de ces formalités serait une violation de la loi.

§ 12. *Des énonciations dans l'acte de mariage.*

Code civil, art. 76. « On énoncera dans l'acte de mariage :

« 1° Les prénoms, noms, professions, âge, lieux de naissance » et domiciles des époux ;

» 2° S'ils sont majeurs ou mineurs;

» 3° Les prénoms, noms, professions et domiciles des pères » et mères ;

» 4° Le consentement des pères et mères, aïeuls ou aïeules, » et celui de la famille, dans les cas où ils sont requis;

» 5° Les actes respectueux, s'il en a été fait ;

» 6° Les publications dans les divers domiciles ;

» 7° Les oppositions, s'il y en a eu ; leur main-levée, ou la » mention qu'il n'y a point eu d'opposition ;

» 8° La déclaration des contractants de se prendre pour » époux et le prononcé de leur union par l'officier public ;

» 9° Les prénoms, noms, âge, professions et domiciles des té» moins, et leur déclaration s'ils sont parents ou alliés des par» ties, de quel côté et à quel degré. »

Il est clair que les diverses énonciations spécifiées par cet article doivent être faites dans l'acte selon les différents cas qui se presentent ; et en effet, le mariage peut avoir lieu suivant telles ou telles circonstances, telles que l'absence des ascendants dont le consentement est requis, l'existence d'oppositions levées ensuite, la notification d'actes respectueux, etc., etc. L'etude de ces cas différents et des formalités qu'ils exigent étant plus spécialement dans les devoirs de l'officier de l'état civil, nous nous abstenons, pour ne pas sortir des limites de ce traité, de les détailler tous ici; et d'ailleurs on trouvera sous les n°s 18, 19, 20, 21, 22, 23, 24, 25 et 26, les diverses formules de l'acte de mariage, selon les différentes circonstances sous l'empire desquelles il peut avoir lieu.

Aux termes de la loi du 18 germinal an X (8 avril 1802), aucun ministre du culte ne peut bénir un mariage qu'autant qu'il lui est justifié, par un certificat de l'officier de l'état civil, que ce mariage a été célébré civilement. Ce certificat peut être rédigé conformément à la formule n° 27.

CHAPITRE IV. — DES ACTES DE DÉCÈS.

§ 1er. *Du permis d'inhumer.*

Code civil, art. 77. « Aucune inhumation ne sera faite sans » une autorisation, sur papier libre et sans frais, de l'officier de » l'état civil, qui ne pourra la délivrer qu'après s'être transporté » auprès de la personne décédée, pour s'assurer du décès, et que » vingt-quatre heures après le décès, hors les cas prévus par les » réglements de police. »

L'autorisation ou permis d'inhumer dont parle cet art. peut être rédigé selon la formule n° 28.

§ 2. *Des témoins appelés à la confection de l'acte de décès.*

Code civil, art. 78. « L'acte de décès sera dressé par l'officier » de l'état civil, sur la déclaration de deux témoins. Ces témoins » seront, s'il est possible, les deux plus proches parents ou voi- » sins, ou, lorsqu'une personne sera décédée hors de son domi- » cile, la personne chez laquelle elle sera décédée, et un parent » ou autre. »

La présence des témoins à l'acte de décès a moins pour objet de certifier la certitude du décès, dont l'officier de l'état civil doit s'assurer par lui-même, que de bien désigner la personne du défunt ; et c'est dans le but de rendre les énonciations à cet égard aussi précises que possible, que la loi appelle de préférence pour temoins les parents ou les voisins de la personne décédée.

§ 3. *Énonciations dans l'acte.*

Code civil, art. 79. « L'acte de décès contiendra les prénoms, » nom, âge, profession et domicile de la personne décédée ; les » prénoms et nom de l'autre époux, si la personne décédée était » mariée ou veuve ; les prénoms, noms, âges, professions et do- » miciles des déclarants, et, s'ils sont parents, leur degré de » parenté.

» Le même acte contiendra de plus, autant qu'on pourra le » savoir, les prénoms, noms, profession et domicile des père et » mère du décédé, et le lieu de sa naissance. »

Si quelques-unes des énonciations indiquées par cet article ne peuvent être obtenues d'une manière précise, il faut au moins faire en sorte de les établir d'après tous les indices qu'on peut être en mesure de recueillir.

Il a déjà été dit qu'il était important de ne pas omettre l'indication de l'heure dans les actes de l'état civil ; c'est surtout dans les actes de décès que cette omission pourrait avoir de graves inconvénients, et amener des difficultés en matière de succession. (*Voir, pour la rédaction de l'acte ordinaire de décès, la formule n° 29*).

Nous avons dit au deuxième chapitre que l'acte à la rédaction duquel devait donner lieu la déclaration d'un enfant présenté sans vie, devait être inscrit sur les registres des décès. Il en est ainsi ordonné par un décret du 4 juillet 1806, qui indique le mode de rédaction de cet acte. Ce décret est conçu en ces termes :

« *Art.* 1er. Lorsque le cadavre d'un enfant dont la naissance » n'a pas été enregistrée sera présenté à l'officier de l'état civil, » cet officier n'exprimera pas qu'un tel enfant est décédé, mais » seulement qu'il lui a été présenté sans vie. Il recevra de plus la » déclaration des témoins, touchant les noms, prénoms, qualités » et demeure des père et mère de l'enfant, et la désignation des » an, jour et heure auxquels l'enfant est sorti du sein de sa » mère.

» *Art.* 2. Cet acte sera inscrit sur les registres des décès, sans » qu'il en résulte aucun préjugé sur la question de savoir si l'en- » fant a eu vie ou non. »

(*Voir la formule n°* 30.)

§ 4. *Décès dans les hôpitaux, etc.*

Code civil, art. 80. « En cas de décès dans les hôpitaux mi- » litaires, civils, ou autres maisons publiques, les supérieurs, » directeurs, administrateurs et maîtres de ces maisons, seront » tenus d'en donner avis, dans les vingt-quatre heures, à l'officier » de l'état civil, qui s'y transportera pour s'assurer du décès, et » en dressera l'acte conformément à l'article précédent, sur les » déclarations qui lui auront été faites, et sur les renseignements » qu'il aura pris. »

» Il sera tenu en outre, dans lesdits hôpitaux et maisons, des » registres destinés à inscrire ces déclarations et ces renseigne- » ments. »

» L'officier de l'état civil enverra l'acte de décès à celui du
» dernier domicile de la personne décédée, qui l'inscrira sur ses
» registres. »

A l'égard des militaires, si le décès a eu lieu dans un *hôpital militaire*, c'est au directeur de cet établissement à adresser l'acte de décès aux autorités militaires supérieures; mais lorsqu'un militaire décède dans un hospice civil, ou dans un autre établissement public, l'officier de l'état civil doit envoyer l'acte de décès, en double expédition, à l'intendant ou sous-intendant militaire, sans négliger pour cela l'envoi d'une troisième expédition à l'officier de l'état civil du domicile du défunt.

Ces expéditions sont faites sur papier libre, et elles doivent être légalisées au greffe du tribunal de première instance de l'arrondissement (*Voir la formule n*° 31).

§ 5. *Cas de mort violente.*

Code civil, *art.* 81. « Lorsqu'il y aura des signes ou indices
» de mort violente, ou d'autres circonstances qui donneront
» lieu de le soupçonner, on ne pourra faire l'inhumation qu'a-
» près qu'un officier de police, assisté d'un docteur en médecine
» ou en chirurgie, aura dressé procès-verbal de l'état du cadavre
» et des circonstances y relatives, ainsi que des renseignements
» qu'il aura pu recueillir sur les prénoms, nom, âge, profession,
» lieu de naissance et domicile de la personne décédée.

» *Art.* 82. L'officier de police sera tenu de transmettre de
» suite à l'officier de l'état civil du lieu où la personne sera dé-
» cédée, tous les renseignements énoncés dans son procès-ver-
» bal, d'après lesquels l'acte de décès sera rédigé.

» L'officier de l'état civil en enverra une expédition à celui
» du domicile de la personne décédée, s'il est connu; cette expé-
» dition sera inscrite sur les registres. »

Dans les communes où il n'existe pas de commissaire de police, le maire est en même temps officier de l'état civil et officier de police, et, à ce dernier titre, il a qualité pour rédiger le procès-verbal auquel donne lieu le cas de mort violente. Il sera parlé de la forme de ce procès-verbal dans la deuxième partie de cet ouvrage, relative à la rédaction des procès-verbaux. (*Voir la formule n° 32*).

Le décès des individus *noyés*, ou *consumés dans les flammes*, et dont on n'a point retrouvé les corps, ne peut se constater que par une enquête ordonnée par qui de droit.

§ 6. *Décès dans le cas d'exécution à mort, ou dans les prisons et maisons de détention.*

Code civil, *art.* 83. « Les greffiers criminels seront tenus d'envoyer, dans les vingt-quatre heures de l'exécution des jugements portant peine de mort, à l'officier de l'état civil du lieu où le condamné aura été exécuté, tous les renseignements énoncés en l'article 79, d'après lesquels l'acte de décès sera rédigé.

» *Art.* 84. En cas de décès dans les prisons, ou maisons de réclusion ou de détention, il en sera donné avis sur-le-champ par les concierges ou gardiens, à l'officier de l'état civil, qui s'y transportera, comme il est dit article 80, et rédigera l'acte de décès. »

§ 7. *Énonciations interdites dans l'acte de décès.*

Code civil, *art.* 85. « Dans tous les cas de mort violente, ou dans les prisons et maisons de réclusion, ou d'exécution à mort, il ne sera fait sur les registres aucune mention de ces circonstances, et les actes de décès seront simplement rédigés dans les formes prescrites par l'article 79. »

Il est évident, d'après les dispositions de cet article, que les actes rédigés dans les cas prévus par les articles 82, 83 et 84, ne doivent faire aucune mention des circonstances de la mort (1); la loi le défend, et prescrit de se borner à rédiger l'acte selon les formalités ordinaires.

CHAPITRE V. — DISPOSITIONS DIVERSES.

§ 1er. *Des actes qui, non rédigés par l'officier de l'état civil du lieu, nécessitent des inscriptions ou des mentions sur les registres.*

Le code civil, en réglant le mode à suivre pour la rédaction des actes de naissances et de décès sur mer, a prescrit, articles 60 et 87, l'envoi de l'expédition de ces actes, pour les naissances, à l'officier de l'état civil du lieu du domicile du père de l'enfant, ou de la mère, si le père est inconnu, et pour les décès, à celui du domicile de la personne décédée. Aussitôt que l'expédition d'un acte de cette nature parvient à l'officier de l'état civil, elle doit être transcrite sur les registres des naissances ou des décès, selon le cas, et à la date du jour de sa réception.

La même transcription doit être faite des expéditions d'actes qui pourraient être adressés à l'officier de l'état civil, comme concernant des personnes ayant domicile dans sa commune, et qui

(1) Le *duel* et le *suicide* sont compris au nombre des cas de mort violente.

constateraient des décès dans les hôpitaux, ou par suite de mort violente (*Voir la formule n° 34*).

§ 2. *Des actes d'adoption.*

Aux termes du code (art. 356 et 357), aucune adoption ne peut avoir lieu qu'en vertu d'un arrêt rendu par la cour royale, sur le jugement du tribunal qui aura statué en première instance. Lorsqu'un tel arrêt est rendu, il nécessite une inscription sur les registres de l'état civil.

L'article 359 porte :

« Dans les trois mois qui suivront ce jugement, l'adoption » sera inscrite, à la réquisition de l'une ou de l'autre des parties, » sur le registre de l'état civil du lieu où l'adoptant sera domi- » cilié. Cette inscription n'aura lieu que sur le vu d'une expé- » dition en forme du jugement de la cour royale, et l'adoption » restera sans effet si elle n'a pas été inscrite dans ce délai. »

L'acte d'adoption est un simple procès-verbal, dans lequel on nomme et qualifie celle des deux personnes qui le requiert, soit l'adoptant, soit l'adopté; on y relate l'arrêt dont l'expédition est remise à l'officier de l'état civil, et en énonçant que N. . . . est reconnu pour enfant adoptif de N. . . ., on fait mention de l'annexe de cette expédition (*Voir la formule n° 35*).

En remarquant que l'article 359 n'exige que la réquisition de *l'une ou de l'autre partie*, on peut en conclure que l'assistance de témoins n'est pas nécessaire pour valider l'acte d'adoption, et que l'officier de l'état civil a, par lui seul, caractère pour le recevoir. Toutefois, la présence de témoins en cette circonstance ne vicierait nullement l'acte, et leur assistance serait d'ailleurs un moyen de constater l'identité de la personne qui demande l'inscription de l'acte d'adoption.

Passé le délai de trois mois, il y a déchéance, et l'acte d'adoption ne peut être dressé.

L'acte d'adoption doit être inscrit sur les registres des naissances.

Il doit être fait mention de l'adoption en marge de l'acte de naissance de l'adopté.

§ 3. *De la rectification des actes de l'état civil.*

Si, dans l'instant qui suit la rédaction d'un acte, l'officier de l'état civil s'aperçoit qu'il s'y est glissé quelque erreur, il peut la rectifier *immédiatement* avec le concours de tous ceux qui y sont présents. Mais hors ce seul cas, les lacunes, erreurs ou omissions dans les registres de l'état civil ne peuvent être réparées qu'en vertu d'un jugement du tribunal de l'arrondissement, provoqué, soit par les parties intéressées, soit par le ministère public, selon les circonstances.

Code civil, art. 101. « Les jugements de rectification seront » inscrits sur les registres, par l'officier de l'état civil, aussitôt » qu'il lui auront été remis, et mention en sera faite en marge » de l'acte réformé. »

Ainsi, lorsqu'un jugement de rectification parvient à l'officier de l'état civil, il doit être sans délai inscrit sur les registres courants (des naissances, mariages ou décès, selon le cas). Mention doit en outre être faite de ce jugement en marge de l'acte rectifié. Cette mention doit énoncer la date du jugement, et faire connaître en quoi consiste la rectification ordonnée.

C'est ici le cas de faire remarquer qu'il importe de laisser aux registres de l'état civil une marge à peu près du quart de la largeur de la page, pour qu'on puisse y faire au besoin les mentions et annotations nécessaires.

§ 4. *Numérotage et annotation des actes.*

Il est d'une grande utilité que chaque acte porte un numéro d'ordre en marge, et qu'on inscrive au-dessous de ce numéro les noms de ceux que l'acte concerne. Ces annotations, faites avec soin, ont pour but de rendre plus faciles les recherches, les vérifications et les travaux de dépouillement a faire pour constater le mouvement de la population. Voici quelques exemples de ces annotations marginales.

REGISTRES DES NAISSANCES.

N° 1.

Jacques Lemaire,
enfant légitime.

N° 2.

Pauline-Françoise,
enfant naturel.

REGISTRES DES PUBLICATIONS ET DES ACTES DE MARIAGES.

N° 1.

André Toutan,

garçon, et Rosalie Lebas, fille.

N° 2.

Martial Samson, veuf, et Françoise Lefort, fille.

N° 3.

Michel Lefebvre, garçon, et Pauline Mauguin, veuve Ribriou.

REGISTRES DES DÉCÈS.

N° 1.

Rosalie Marchant, femme Vaunois.

N° 2.

Charles Daudin, garçon.

N° 3.

Justine Ricard, fille.

§ 5. *Clôture et dépôt des registres.*

Code civil, art. 43. « Les registres seront clos et arrêtés par » l'officier de l'état civil à la fin de chaque année, et dans le » mois, l'un des doubles sera déposé aux archives de la commune » et l'autre au greffe du tribunal de première instance. »

En conformité de cet article, le 1er janvier de chaque année, les registres de l'état civil de l'année qui vient de finir, doivent être clos et arrêtés par l'officier de l'état civil, en ces termes : « le pré» sent registre des (*naissances*, *publications*, *ma*» *riages* ou *décès*), de la commune d
» pour l'année mil huit cent..., contenant
» actes, a été clos et arrêté par nous (*prénoms*, » *nom* et *qualité du fonctionnaire*), officier de » l'état civil de ladite commune, cejourd'hui, » 1er janvier 18...

(*Signature de l'officier de l'état civil.*)

Outre cette formalité, et conformément à l'art. 2 du décret du 20 juillet 1807, il doit être fait, à la suite de l'arrêté de clôture de chaque registre, une table alphabétique des actes qui y sont contenus, également certifiée par l'officier de l'état civil. Cette table doit indiquer les noms des individus, nés, mariés ou décédés, et la date de l'acte qui concerne chacun d'eux. Suit le modèle de cette table.

TABLE ALPHABÉTIQUE,

DES ACTES DE NAISSANCES (MARIAGES ou DÉCÈS),

De la commune d *pour l'année* 18...

NUMÉROS des ACTES.	NOMS et PRÉNOMS.	DATES des ACTES.
1	Allin (Claude), marié à Rosalie Chaton.	1 Janvier 18

§ 6. *Dépôt des pièces.*

Code civil, art 44. « Les procurations et autres pièces qui
» doivent demeurer annexées aux actes de l'état civil, seront dé-
» posées, après qu'elles auront été paraphées, par la personne
» qui les aura produites, et par l'officier de l'état civil, au greffe
» du tribunal, avec le double des registres dont le dépôt doit
» avoir lieu audit greffe. »

Il importe que le dépôt des registres et des pièces, prescrit par les articles 43 et 44, soit exactement effectué dans le délai *d'un mois*, c'est-à-dire dans le cours du mois de janvier; et pour faciliter la vérification des actes, il est nécessaire d'annexer à côté de chaque acte les pièces qui y ont rapport, en ayant soin de les attacher entre elles, avec cette annotation : *Pièces produites dans l'acte n°* .....

§ 7. *Des extraits des registres.*

Code civil, art. 45. « Toute personne pourra se faire déli-
» vrer, par les dépositaires des registres de l'état civil, des ex-
» traits de ces registres. Les extraits délivrés conformes aux re-
» gistres, et légalisés par le président du tribunal de première
» instance, ou par le juge qui le remplacera, feront foi jusqu'à
» inscription de faux. »

Ces mots *toute personne* indiquent que les actes de l'état civil n'appartiennent pas seulement aux parties et à leurs familles, mais que les registres où ils sont inscrits sont ouverts à tout le monde et que chacun peut en prendre communication ou en demander des extraits. Pour être réguliers, ces extraits doivent être délivrés et signés par le fonctionnaire public dépositaire des registres. Un avis du conseil d'état, en date du

2 juillet 1807, interdit aux employés ou secrétaires de mairie, de délivrer ces extraits sous leur signature, attendu que, n'ayant aucun caractère public, ils ne peuvent rendre authentiques aucun acte, aucune expédition, ni aucun extrait des actes des autorités.

Il n'est dû aucun droit pour la rédaction des actes de l'état civil, ni pour leur transcription sur les registres; mais la délivrance des expéditions de ces actes donne lieu à la perception de droits dont la quotité est fixée par le décret du 12 juillet 1807, qui doit être constamment affiché dans les lieux où les déclarations relatives à l'état civil sont reçues, et dans tous les dépôts des registres.

FORMULES

POUR LA RÉDACTION DES ACTES

DE L'ÉTAT CIVIL.

Nota. Les formules qui suivent sont pour la plupart et à quelques changements près, celles envoyées, en fructidor an XII, aux officiers de l'état civil. — Elles ne sont données ici que comme indications, et il est loisible d'adopter une autre rédaction, pourvu cependant qu'elle soit conforme aux règles prescrites par le code.

N° 1er. — *Intitulé de chaque acte dressé par un adjoint délégué par le maire.*

L'an mil huit cent le du mois d à heure du par devant nous N adjoint au maire de la commune d département d délégué par arrêté dudit maire, du pour remplir les fonctions d'officier de l'état civil de ladite commune, etc.

N° 2. — *Intitulé de chaque acte dressé par un adjoint, agissant pour le maire absent ou empêché.*

L'an mil huit cent le du mois d à heure du par devant nous N , adjoint de la commune d , remplissant, en l'absence du maire (*ou pour tout autre empêchement qu'il faut exprimer*), les fonctions d'officier de l'état civil de ladite commune, etc.

N° 3. — *Déclaration de naissance d'un enfant légitime, faite par le père.*

L'an mil huit cent le du mois d à heure du par devant nous (*énoncer ici la qualité du fonctionnaire public, s'il est maire ou adjoint, ou s'il les remplace*), officier de l'état civil de la commune d canton d département d est comparu N (*prénoms, nom, âge, profession et domicile du déclarant*), lequel nous a présenté un enfant du sexe (masculin *ou* féminin), né (*indiquer le jour et l'heure*) en cette commune, de lui déclarant et de (*pré-*

noms et nom de la mère) son épouse, et auquel il a déclaré vouloir donner le prénom de Lesdites déclarations et présentation faites en présence de (*prénoms, nom, âge, profession et domicile du premier témoin*), âgé de ans, profession d domicilié à (*indiquer le lieu du domicile*) et de (*prénoms, nom, âge, profession et domicile du second témoin*); et ont, déclarant et témoins, signé avec nous le présent acte de naissance, après qu'il leur en a été fait lecture. (*Si un des comparants ne peut signer, il en sera fait mention, avec indication de la cause qui l'en empêche.*)

N° 4. — *Déclaration de naissance d'un enfant légitime, faite par l'accoucheur, ou la sage-femme, ou par la personne chez qui l'accouchement a eu lieu, ou autres, déclarant connaître la mère.*

L'an mil huit cent le du mois d à heure du par devant nous (*énoncer ici la qualité du fonctionnaire public, s'il est maire ou adjoint, ou s'il les remplace*), officier de l'état civil de la commune d canton d département d   est comparu N (*mettre les prénoms*, *nom*, *âge*, *profession et domicile du déclarant*), lequel nous a présenté un enfant du sexe (masculin *ou* féminin) né (*indiquer le jour et l'heure*) en cette commune, dans la maison (*désigner le lieu*) de (*prénoms, nom*, *profession et demeure de la mère*) épouse de (*prénoms, nom, profession et demeure du mari, s'il y a mariage, et dans le cas contraire supprimer l'indication*, ÉPOUSE DE, etc.), et auquel (il *ou* elle) a déclaré donner le prénom de   Lesdites déclaration et présentation faites en présence de (*prénoms, nom, âge, profession et domicile du premier témoin*) et de (*même formalité pour le second témoin*); et ont, les déclarant et témoins, signé avec nous le présent acte de naissance, après qu'il leur en a été fait lecture. (*Si un des comparants ne sait ou ne peut signer, il en sera fait mention.*)

N° 5. — ***Déclaration de naissance d'un enfant naturel faite par toute autre personne que le père ; le nom de la mère étant connu.***

L'an mil huit cent   le   du

mois d à heure du par devant nous (*énoncer ici la qualité du fonctionnaire public, s'il est maire ou adjoint, ou s'il les remplace*), officier de l'état civil de la commune d canton d département d est comparu N (*mettre les prénoms, nom, âge, profession et domicile du déclarant*) lequel nous a déclaré que le (*indiquer le jour et l'heure*) la dame *ou* demoiselle (*prénoms, nom, profession et demeure de la mère*) est accouchée en cette commune, dans la maison (*désigner le lieu*) d'un enfant du sexe (*masculin* ou *féminin*) qu' (il *ou* elle) nous présente, et auquel (il *ou* elle) donne les prénoms et nom de Lesdites déclarations et présentation faites en présence de (*prénoms, nom, âge, profession et domicile du premier témoin*) et de (*même formalité pour le second témoin*); et ont, les déclarant et témoins, signé avec nous le présent acte de naissance après qu'il leur en a été fait lecture. (*Si un des comparants ne sait ou ne peut signer, il en sera fait mention.*)

N° 6. — *Déclaration de naissance d'un enfant naturel, faite par le père.*

L'an mil huit cent le du mois d à heure du par devant nous (*énoncer ici la qualité du fonctionnaire public, s'il est maire ou adjoint, ou s'il les remplace*) officier de l'état civil de la commune d canton d département d est comparu N. (*mettre les prénoms, nom, âge, profession et demeure*), lequel nous a déclaré que le (*indiquer le jour et l'heure*) il est né un enfant du sexe (masculin *ou* féminin) qu'il nous présente et auquel il déclare vouloir donner le prénom d , se reconnaissant pour être le père de cet enfant et l'avoir eu de (*prénoms, nom, âge, profession et demeure de la mère.— Si le père déclare les noms de la mère, il en sera fait mention; mais s'il les tait, on ne peut le forcer à les déclarer*), lequel enfant est né en cette commune, en la maison (*désigner le lieu*); lesdites déclaration et présentation faites en présence de (*prénoms, nom, âge, profession et domicile du premier témoin*) et de (*même formalité pour le second témoin*); et ont, les déclarant et témoins, signé avec nous le présent acte de naissance, après qu'il leur en a été fait lecture. (*Si un des comparants ne sait ou ne peut signer, il en sera fait mention.*)

N° 7. — *Déclaration de naissance d'un enfant naturel, faite par un fondé de procuration du père.*

L'an mil huit cent le du mois d par devant nous (*énoncer ici la qualité du fonctionnaire public, s'il est maire on adjoint au maire ou s'il les remplace*) officier de l'état civil de la commune d canton d département d est comparu N. (*mettre les prénoms, nom, âge, profession et domicile du déclarant*), lequel, en vertu d'une procuration spéciale et authentique de (*prénoms, nom, profession et domicile de celui qui a donné la procuration*), passée à le du mois d an mil huit cent par devant N notaire à , enregistrée à le de lui paraphée et annexée au présent registre, lequel nous a déclaré que le (*indiquer le jour et l'heure*) il est né, en cette commune, un enfant naturel du sexe (masculin *ou* féminin) en la maison (*indiquer le lieu*), qu'il nous présente, que ledit N...(*nom du père*) est père de cet enfant, qu'il a eu de (*prénoms, nom, âge, profession et domicile de la mère*), et auquel il donne le prénom de ; lesdites déclaration et présentation faites en présence de (*prénoms, nom, âge, profession et domicile du premier témoin*), et de (*même formalité pour le second témoin*), et ont, les déclarant et témoins, signé avec nous le présent acte de naissance, après que lecture leur en a été faite. (*Si l'un des comparants ne sait ou ne peut signer, il en sera fait mention.*)

N° 8. — *Déclaration faite au sujet d'un enfant trouvé.*

L'an mil huit cent le du mois d par devant nous (*énoncer ici la qualité du fonctionnaire public, s'il est maire ou adjoint, ou s'il les remplace*), officier de l'état civil de la commune d canton d département d est comparu N. (*prénoms, nom, âge, profession et demeure*) qui nous a déclaré que le à heure du étant seul, *ou* en compagnie de (*désigner les prénoms, noms, etc. de ceux qui étaient présents*) il a trouvé dans (*désigner avec exactitude la rue, la place, ou le lieu où l'enfant a été trouvé*) un enfant tel qu'il (*ou* elle) nous le présente emmaillotté (*ou* vêtu) de (*détailler les vêtements, ou*) de linge marqué (*indiquer les lettres ou les chiffres*); après avoir visité l'enfant, nous avons reconnu qu'il était du sexe , qu'il paraissait âgé de (*désigner l'âge apparent, vérifier si l'enfant a quelque marque sur le corps ou s'il se trouve dans ses vêtements quelques écrits ou marques propres à le faire reconnaître; dans ce cas, indiquer ce qu'on lui a trouvé, ou bien exprimer qu'on n'y a rien trouvé*); de suite nous avons inscrit l'enfant sous les prénoms et nom d et avons ordonné qu'il fût remis a (1). De quoi avons dressé procès-verbal en présence de et de qui ont signé avec nous après qu'il leur en a été fait lecture. (*Si un des comparants ne sait ou ne peut signer, il en sera fait mention.*)

N° 9. — ***Reconnaissance d'enfant faite par le père ou la mère, après l'inscription de l'enfant sur les registres de l'état civil.***

L'an mil huit cent le du mois d , par devant nous (*énoncer*

---

(1) L'enfant trouvé doit être immédiatement remis à l'hospice le plus voisin.

ici la qualité du fonctionnaire public, s'il est maire ou adjoint, ou s'il les remplace), officier de l'état civil de la commune d , canton d , département d , est comparu N. *(prénoms, nom, âge, profession et domicile)*, lequel (*ou* laquelle) nous a déclaré qu'il (*ou* elle) se reconnaît pour père (*ou* mère) d'un enfant du sexe (masculin *ou* féminin), qui a été présenté à l'officier de l'état civil de cette commune, le , et inscrit le *(date de l'acte de naissance)* sur le registre des naissances sous le nom d , lequel il (*ou* elle) a eu avec N *(prénoms, nom, âge, profession et demeure. — Le déclarant est libre de ne pas désigner la personne avec laquel il a eu l'enfant, et si la déclaration est faite par la mère non mariée, le nom du père ne doit être inscrit que sur le vu de son consentement donné d'une manière authentique, lequel consentement doit être annexé à l'acte)*; ladite déclaration, faite en présence de *(prénoms, nom, âge, profession et domicile du premier témoin)*, et de *(même formalité pour le second témoin)*, et ont, les déclarant et témoins, signé avec nous le présent acte, après qu'il leur en a été fait lecture.

N° 10. — ***Reconnaissance d'enfant faite par le père et la mère, conjointement.***

L'an mil huit cent le du mois d , par devant nous (*énoncer la qualité du fonctionnaire public, s'il est maire ou adjoint, ou s'il les remplace*), officier de l'état civil de la commune d , canton d , département d , sont comparus (*prénoms, nom, âge, profession et domicile de chacun des deux comparants*), lesquels ont déclaré qu'ils se reconnaissent pour père et mère d'un enfant du sexe (*masculin* ou *féminin*), qui a été présenté à l'officier de l'état civil de cette commune, le et inscrit le (*date de l'acte de naissance*) sur le registre des naissances sous les noms de , lequel enfant est né d'eux le du mois d , l'an ; ladite déclaration faite en présence de (*prénoms, nom, âge, profession et domicile du premier témoin*), et de (*même formalité pour le second témoin*), et ont, les père, mère et témoins, signé avec nous le présent acte, après qu'il leur en a été fait lecture. (*Si un des comparants ne sait ou ne peut signer, il en sera fait mention.*)

N° 11. — *Mention à faire en marge de l'acte de naissance d'un enfant reconnu postérieurement à sa naissance.*

L'enfant (*prénoms et nom*), inscrit dans l'acte ci-contre, a été reconnu par son père (*ou* par sa mère, *ou* par son père et sa mère), ainsi qu'il résulte d'un acte inscrit sur les registres des naissances de cette commune de , à la date du

(*Signature de l'officier de l'état civil.*)

N° 12. — *Publication de mariage entre majeurs.*

L'an mil huit cent , le dimanche du mois d , nous, (*qualité du fonctionnaire public*) officier de l'état civil de la commune d , canton d , departement d , après nous être transporté devant la principale entrée de la maison commune, à l'heure de , nous avons annoncé et publié, pour la première fois (*si c'est la seconde publication*, pour la seconde fois), qu'il y a promesse de mariage entre (*prénoms, nom, âge, profession et domicile de l'homme)*, fils majeur de *(prénoms, nom, profession et domicile du père)*, et de *(même formalité pour la mère)*, *(S'il est veuf, il sera fait mention de son précédent mariage)*, et demoiselle *(prénoms, nom, âge, profession et demeure)*, fille majeure de *(prénoms, noms, profession et domicile des père et mère)*; laquelle publication, lue à haute et intelligible voix, a été de suite affichée à la porte de la maison commune. De quoi nous avons dressé acte.

N° 13. — *Publication de mariage pour des mineurs assistés de leurs pères et mères.*

L'an mil huit cent , le du mois d , nous (*qualité du fonctionnaire*), officier de l'état civil de la commune d , canton d , département d , après nous être transporté devant la principale porte d'entrée de la maison commune, à l'heure de nous avons annoncé et publié pour la première fois (*si c'est la seconde publication*, pour la seconde fois), qu'il y a promesse de mariage entre (*prénoms, nom, âge, profession et domicile de l'homme*), mineur, assisté de (*prénoms*, *nom*, *âge, profession et domicile*) son père, et de (*même formalité*), sa mère; et demoiselle (*prénoms*, *nom*, *âge profession et domicile*), mineure, assistée de (*même formalité que ci-dessus pour les père et mère*): laquelle publication, lue à haute et intelligible voix, a été de suite affichée à la porte de la maison commune. De quoi avons dressé acte.

(*Signature du fonctionnaire.*)

N° 14. — *Modele de l'affiche par extrait de l'acte de publication de mariage.*

Mairie d

Extrait du registre des publications de mariage,

Entre (*prénoms*, *nom*, *âge*, *profession et demeure*), majeur, fils de (*prénoms*, *noms, profession et demeure des père et mère*),

Et demoiselle (*prénoms*, *nom*, *âge*, *profession et demeure*), majeure, fille de (*prénoms*, *noms*, *profession et demeure des père et mère*).

(*Signature de l'officier de l'état civil.*)

N° 15. — *Mention d'opposition au mariage, qui doit être faite sur le registre des publications.*

Par exploit de N.   , huissier à   , en date du   , il a été, à la requête de (*prénoms, noms, professions et domiciles des opposants*), formé opposition à la célébration du mariage projeté entre (*prénoms, noms, professions et domiciles des personnes qui ont l'intention de contracter mariage*).

La présente mention sommaire faite par nous N.   , officier de l'état civil, en conformité de l'article 67 du code civil, ce   heure de   , dont acte.

(*Signature.*)

N° 16. — *Mention de la main-levée qui doit être faite en marge de l'inscription de l'opposition au mariage.*

Par acte reçu de N.   , notaire à   (*ou* par jugement rendu par le tribunal civil d   ), sous la date du   , il a été donné main-levée de l'opposition formée par (*prénoms, noms, professions et domiciles des opposants*), au mariage projeté entre (*prénoms*, *noms*, *professions et domiciles des futurs contractants*).

La présente mention sommaire faite par nous N. , officier de l'état civil, conformément à l'article 67 du code civil, ce , heure de , dont acte.

(*Signature.*)

N° 17. — *Certificat attestant qu'il n'existe point d'opposition.*

Nous, N. , officier de l'état civil de la commune d , canton d , département d certifions que le dimanche du mois d , heure de , nous avons fait, devant la porte de la maison commune d , la première publication du mariage projeté entre (*prénoms*, *nom*, *profession et domicile*), fils de (*prénoms*, *noms*, *profession et demeure des père et mère*), et demoiselle (*prénoms*, *noms*, *âges*, *professions et domiciles de la future*, *et de ses père et mère*); que pareille publication a été faite dans les mêmes formes, pour la seconde fois, le dimanche du mois d , heure de , et qu'il n'est survenu aucune opposition au mariage projeté. En foi de quoi nous avons délivré le présent certificat.

Fait à la mairie d , le 18

(*Signature de l'officier de l'état civil.*)

N° 18. — ***Acte de mariage entre majeurs dont les pères et mères sont consentants ou décédés.***

L'an mil huit cent , le du mois d , pardevant nous (*prénoms*, *nom et qualité du fonctionnaire*), officier de l'état civil de la commune d , canton d , département d , sont comparus en notre maison commune, N. (*prénoms*, *nom*, *âge*, *lieu de naissance*, *profession et domicile du futur*), majeur, fils de (*prénoms*, *nom*, *profession et domicile du père*), ici présent et consentant (*ou bien :* consentant, ainsi qu'il résulte de sa procuration passée à , le , devant N. , notaire, laquelle sera annexée au présent acte), (*si le père est mort*, *mettre :* décédé à , le comme il est constaté par l'acte de décès délivré à , par le juge de paix, le , et homologué par le tribunal de première instance séant à), et de N. (*prénoms, nom de la mère.—En cas de décès du père, mentionner de la même manière le consentement ou le décès de la mère*), et N. (*prénoms, nom, âge, lieu de naissance, profession et domicile de la future*), fille majeure de N. et de N. (*prénoms, noms*, etc., *du père et de la mère de la future, avec les énonciations et distinctions indiquées ci-dessus pour les père et mère du futur*); lesquels nous ont requis de procéder à la célébration du mariage projeté entre eux, et dont les publications ont été faites devant la principale porte de notre maison commune, savoir : la première le , du mois de , l'an , à l'heure de , et la seconde le , du mois de , l'an , à l'heure de (*s'il a été fait des publications en d'autres lieux que dans la commune où se célèbre le mariage, il en sera fait mention*). Aucune opposition audit mariage ne nous ayant été signifiée, faisant droit à leur réquisition, après avoir donné lecture de toutes les pièces produites par les parties, et du chapitre VI du titre du code civil intitulé : *du Mariage*, avons demandé au futur époux et à la future épouse s'ils veulent se prendre pour mari et pour femme;

chacun d'eux ayant répondu séparément et affirmativement, déclarons, au nom de la loi, que N. , et N. , sont unis par le mariage; de quoi avons dressé acte, en présence de (*prénoms, nom, âge, domicile du premier témoin*), de (*même formalité pour le second, le troisième et le quatrième témoin. — Si les témoins sont parents, il sera fait mention du degré de parenté et de quel côté des époux cette parenté existe* (1), lesquels, après qu'il leur en a été donné lecture, l'ont signé avec nous et les parties contractantes.

N° 19. — ***Acte de mariage entre des mineurs assistés de leurs pères et mères, ou de l'un d'eux.***

L'an mil huit cent (*jour, mois et heure*), pardevant nous, etc., sont comparus en notre maison commune N. (*prénoms, nom, âge, lieu de naissance, profession et domicile du futur*),

---

(1) Nota. *Si quelques-uns des comparants ne savent ou ne peuvent signer, il faut mettre :* et après leur en avoir donné lecture, l'avons signé avec (*désigner les signataires*), les autres n'ayant pu ou su signer, de ce enquis.

fils mineure, assisté de (*prénoms, nom, profession et domicile de ses père et mère*), tous les deux consentants, et N. (*prénoms, nom, âge, lieu de naissance et domicile de la future*), fille mineure, assistée de N., son père, et de N., sa mère, aussi consentant. (*Si le père de l'un des deux époux est mort, on mettra :* assisté de N. , sa mère seulement, son père étant décédé, comme il est constaté par son acte de décès, délivré à , le , *ou bien*, par acte de notoriété, dressé à , par le juge de paix de , et homologué par le tribunal de première instance, séant à), lesquels nous ont requis de procéder à la célébration du mariage projeté entre eux, et dont les publications ont été faites devant la principale porte de notre maison commune, savoir (*Se reporter pour le surplus à la formule n° 18.*)

N° 20. — *Acte de mariage pour un mineur né de parents inconnus.*

L'an mil huit cent , sont comparus en notre maison commune N. (*indiquer, autant qu'on pourra le savoir, les prénoms, nom, âge, lieu de naissance, profession et domicile du futur*), fils mineur de parents inconnus, suivant son acte de naissance, inscrit sur le registre de la commune d , le , accompagné de N. nommé par jugement du tribunal de première instance de , en date du , tuteur pour assister ledit mineur dans la célébration de son mariage, et N. (*prénoms, nom, âge, lieu de naissance, profession et domicile de la future*), assistée de N. et N. (*prénoms, nom, profession et domicile*), ses père et mère, consentants, lesquels nous ont requis de procéder au mariage projeté entre eux, et dont les publications ont été faites devant la principale porte de notre maison commune, savoir: la première le , et la seconde le (*s'il a été fait des publications en d'autres lieux l'indiquer*); aucune opposition audit mariage ne nous ayant été signifiée, faisant droit à leur réquisition, etc. (*Voir pour le surplus la formule n° 18.*)

N° 21. — *Acte de mariage pour lequel il n'a été fait qu'une publication en vertu d'une dispense.*

L'an, etc., sont comparus en notre maison commune N. (*prénoms, nom, âge, lieu de naissance, profession et domicile du futur,*) fils majeur (*ou* mineur) de (*prénoms, noms, profession et domicile des père et mère*) consentants et N. (*prénoms, nom, âge, lieu de naissance, profession et domicile de la future*) fille majeure (*ou* mineure) de (*mettre les énonciations ordinaires comme dans les formules précédentes*), lesquels nous ont requis de procéder à la célébration du mariage projeté entre eux, et dont la première publication a été faite devant la principale porte de notre maison commune, le du mois d , l'an , à l'heure de , et dont la seconde n'a pas eu lieu, en vertu de la dispense délivrée, au nom de sa Majesté, par le procureur du roi près le tribunal de première instance de l'arrondissement de , laquelle dispense nous ayant été présentée, est restée déposée au secrétariat de la commune, aucune opposition audit mariage ne nous ayant été signifiée, faisant droit à leur réquisition, après avoir donné lecture, etc. (*Se reporter pour le surplus à la formule n° 18.*)

N° 22 — *Acte de mariage pour des majeurs qui ont adressé des actes respectueux à leurs ascendants.*

L'an, etc., est comparu en notre maison commune N. (*prénoms*, *nom*, *âge*, *lieu de naissance*, *profession et domicile du futur*), majeur, fils de N. et de N., lequel nous ayant exhibé l'acte respectueux, fait le , du mois d an , par N., notaire, adressé à , et le second fait le , du mois d , an par N., notaire, adressé à (*mettre le nom de l'ascendant*, *et s'il est père*, *aïeul ou bisaïeul*), est aussi comparu N. (*prénoms*, *nom*, *âge*, *lieu de naissance*, *profession et domicile de la future*), assistée de N. et de N. (*son père*, *sa mère*, *ou l'ascendant qui l'assistera*; *ou*, *s'il y a eu des actes respectueux*, *en faire mention dans les mêmes termes que ceux du futur époux*); lesquels nous ont requis de procéder à la célébration du mariage projeté entre eux, et dont les publications ont été faites devant la principale porte de notre maison commune, savoir: la première le , et la seconde le , à l'heure de , nous (*nom et qualité du fonctionnaire public*), officier de l'état civil de la commune d , vu l'acte respectueux, mentionné ci-dessus, duquel il résulte que les formalités requises par la loi ont été remplies, et que les délais sont expirés; faisant droit à ladite réquisition, après avoir donné lecture, etc. (*Se reporter pour le surplus à la formule n° 18.*)

N° 23. — *Acte de mariage auquel il aurait été fait quelqu'opposition dont la main-levée aurait été ensuite obtenue.*

L'an , etc., sont comparus en notre maison commune N. (*prénoms, nom, âge, profession, lieu de naissance et domicile du futur*), fils majeur de (*prénoms, noms, âges, profession et domicile des père et mère du futur*), d'une part; et N. (*prénoms, nom, âge, profession, lieu de naissance et domicile de la future*), fille majeure de (*prénoms, noms, âges, profession et domicile des père et mère*), d'autre part; lesquels nous ont requis de procéder à la célébration de leur mariage, dont les publications ont été faites devant la principale porte de notre maison commune, savoir: la première le , et la seconde le , faisant droit auxdites réquisitions, et vu l'opposition à nous signifiée par N. , huissier près le tribunal d , au nom de N. (*prénoms*, *nom*, *profession et domicile de l'opposant*), par laquelle il (*ou* elle) déclare s'opposer à ce qu'il soit procédé à la célébration du mariage d , laquelle a été levée par acte du , passé devant Me N. , notaire à (*ou si l'opposition a été levée par jugement*) a été levée par jugement du tribunal de , en date du , à nous signifié le , par N. , huissier); et nulle autre opposition n'étant survenue audit mariage, après avoir donné lecture aux parties et aux témoins de toutes les pièces produites, et du chapitre VI, etc. (*Se reporter pour le surplus à la formule n° 18.*)

N° 24. — *Acte de mariage, lorsque l'un des époux ne peut se procurer son acte de naissance, et lorsqu'il ne peut produire les actes de décès de ses père et mère.*

L'an, etc., sont comparus en notre maison commune N. (*prénoms*, *nom*, *lieu de naissance*, *profession et domicile du futur* (âgé d'environ , fils de (*prénoms, noms, profession et domicile des père et mère du futur*), et N (*prénoms, nom, âge, profession, lieu de naissance et domicile de la future*), lesquels, assistés de (*prénoms, noms, âges, professions, et domiciles des témoins; indiquer s'ils sont parents et à quel degré*), qu'ils produisent pour témoins, et sous l'autorisation et consentement, savoir : le futur de (*prénoms, noms, âge, profession et domicile de ses aïeul et aïeule*) et la future de (*prénoms, noms, âge, profession et domicile de ses père et mère*), nous ont requis de célébrer leur mariage, dont les publications ont été faites à la principale porte de notre maison commune, la première le , et la seconde le ; aucune opposition audit mariage ne nous ayant été signifiée, et vu : 1° un acte de notoriété du futur reçu par (*prénoms, nom et qualité du fonctionnaire qui l'a dressé*), duquel il résulte que ledit (*prénoms et nom du futur*) ne peut produire son acte de naissance; 2° le jugement d'homologation rendu par le tribunal de , le , lesquels actes et jugement, paraphés par le futur (*si cela est possible*) et par nous, demeureront annexés au registre; faisant droit auxdites réquisitions, après avoir donné lecture de toutes les pièces produites, et du chapitre VI du code civil, intitulé : *du Mariage;* et les aïeul et aïeule du futur nous ayant attesté, conformément à l'article 1er de l'avis du conseil d'état, du 27 messidor an XIII, que les père et mère dudit futur sont décédés, avons demandé au futur époux et à la future épouse s'ils veulent se prendre pour mari et pour femme (*terminer comme la formule n° 18*).

N° 25. — *Acte de mariage lorsque le futur ne peut se procurer les actes de décès de ses père et mère, aïeul et aïeule.*

L'an, etc. (*suivre les formules précédentes*), après lecture faite de toutes les pièces ci-dessus mentionnées, et du chapitre VI du titre du code civil, intitulé : *du Mariage*, ayant interpellé, conformément à l'article 2 de l'avis du conseil d'état, du 27 messidor an XIII, le futur de nous déclarer par serment que le lieu du décès de ses père, mère, aïeul et aïeule, et celui de leur dernier domicile lui sont inconnus; il nous a affirmé par serment n'en avoir aucune connaissance, et après avoir fait la même interpellation aux témoins, et ceux-ci ayant affirmé par serment connaître le futur, mais ignorer le lieu du décès de ses ascendants et leur dernier domicile, nous avons demandé au futur époux et à la future épouse s'ils veulent se prendre pour mari et pour femme (*continuer et suivre comme la formule n° 18*).

N° 26. — *Acte de mariage à la suite duquel est faite la reconnaissance d'enfants nés précédemment.*

L'an, etc. (*suivre les formules précédentes*), aucune opposition audit mariage ne nous ayant été signifiée, faisant droit à leur réquisition, après avoir donné lecture de toutes les pièces produites par les parties, et du chapitre VI du titre du code civil, intitulé : *du Mariage*, avons demandé au futur époux et à la future épouse s'ils veulent se prendre pour mari et pour femme ; chacun d'eux ayant répondu séparément et affirmativement, déclarons, au nom de la loi, que N. et N. sont unis par le mariage. Et aussitôt lesdits époux ont déclaré qu'il est né d'eux un (*ou* des) enfant inscrit sur les registres de l'état civil de la commune de , en date de , sous le (*ou* les) nom de , lequel (*ou* laquelle, *ou* lesquels) ils reconnaissent pour leur fils (*ou* leur fille, *ou* filles); de tout dont nous avons dressé acte en présence de (*terminer comme il est indiqué à la formule n° 18*).

N° 27. — *Modèle du certificat à délivrer pour les cérémonies religieuses du mariage.*

Nous (*nom et qualité du fonctionnaire*), officier de l'état civil de la commune d , certifions que N. (*prénoms, noms, professions et domiciles des époux*), ont contracté mariage entre eux, devant nous, en notre maison commune, le . En foi de quoi nous avons délivré le présent pour servir et valoir ce que de droit.

A , le 18

(*Signature.*)

N° 28. — *Autorisation d'inhumation.*

Nous (*prénoms, nom, et qualité du fonctionnaire*), officier de l'état civil de la commune d , vu l'acte rédigé par nous, le conformément à l'article 78 du code civil, pour constater le décès de (*prénoms, nom, âge, profession et domicile de la personne décédée*), autorisons l'inhumation du corps d , pour être faite dans le cimetière de cette commune, le , du mois d , à heure du

Fait à la mairie d , le 18

(*Signature.*)

N° 29. — *Acte de décès dans le cas ordinaire.*

L'an mil huit cent , le du mois d , à heure du par devant nous (*prénoms, nom et qualité du fonctionnaire public*), officier de l'état civil de la commune d , canton d , département d , sont comparus (*prénoms, noms, âges, professions et domiciles des deux témoins déclarants, avec mention, s'ils sont parents ou voisins du défunt*), lesquels nous ont déclaré que le mois de , à heure de , N. (*prénoms, nom, âge, profession et domicile du décédé; indiquer s'il était garçon, marié, veuf ou divorcé, et, s'il se peut, les prénoms, noms, âges, professions et domi-*

cile de ses père et mère), est décédé en sa maison (*ou autre lieu qu'il faut bien désigner*), ainsi que nous nous en sommes assuré; et les déclarants ont signé avec nous le présent acte, après que lecture leur en a été faite. (*Si les déclarants ou l'un d'eux ne savent ou ne peuvent signer, il en est fait mention.*)

N° 30. — *Acte de présentation d'un enfant sans vie, dont la naissance n'a pas été enregistrée.*

L'an mil huit cent   le   du mois d   , par devant nous (*nom et qualité du fonctionnaire*), officier de l'état civil de la commune d   canton d   , département d   ; sont comparus (*prénoms, noms, âges, professions et domiciles des deux témoins déclarants, avec mention s'ils sont parents ou voisins du défunt*), lesquels nous ont présenté un enfant sans vie, du sexe   , et nous ont déclaré que les père et mère de cet enfant sont   (*leurs prénoms, noms, profession et demeure*), et que c'est le   du mois de   , an   , à   heure d , que ledit enfant est sorti du sein de sa mère; et les déclarants ont signé avec nous le présent acte, après que lecture leur en a été faite. (*Si les déclarants, ou l'un d'eux, ne savent ou ne peuvent signer, il en est fait mention.*)

N° 31. — *Acte de décès dans un hospice ou autre établissement public.*

Aujourd'hui (*dates des jour, mois et an*), nous (*prénoms, nom et qualité du fonctionnaire*) officier de l'état civil de la commune d , canton d , département d sur l'avis qui nous a été donné par (*nom du supérieur ou administrateur qui a donné l'avis du décès, avec indication de sa qualité*), que (*prénoms, nom, âge, profession, lieu de naissance et domicile du défunt*), habitant en ladite maison, y est décédé ce jour, à (*indication de l'heure*), nous étant transporté au lieu qui nous a été indiqué, avons reconnu que ledit N. (*prénoms et nom du défunt*) est réellement décédé; et après avoir fait inscrire ce décès sur le registre tenu à cet effet dans ladite maison, nous avons, en présence de (*pré-*

noms, noms, âges, professions et domiciles des deux témoins), dressé et inscrit le présent acte sur les deux registres des décès de la commune. Après lecture faite, les deux témoins susdits l'ont signé avec nous, lesdits jour, mois et an. (*Si les témoins ou l'un d'eux ne savent ou ne peuvent signer, il en sera fait mention.*)

N° 32. — *Acte de décès dans les cas de mort violente, ou dans les prisons, et d'exécution à mort.*

Aujourd'hui (*jour, mois, an et heure*), par devant nous (*prénoms, nom et qualité du fonctionnaire*) officier de l'état civil de la commune d , canton d , département d se sont présentés (*prénoms, noms, âges, professions et domiciles des deux témoins déclarants*), lesquels nous ont déclaré que (*prénoms, nom, âge, profession, lieu de naissance et domicile du défunt*), est décédé en ce jour, en cette ville, à (*indication de l'heure*) sur quoi nous, officier de l'état civil, après avoir pris les renseignements nécessaires sur l'individu décédé, et nous être assuré de son décès, avons dressé le présent acte, que nous avons transcrit et signé sur les deux registres avec les témoins, après lecture faite, lesdits jour et an.

N° 33. — *Acte de décès d'une personne inconnue.*

L'an etc., sont comparus, etc., lesquels nous ont déclaré qu'un individu à eux inconnu, du sexe , paraissant âgé de (*désigner les vêtements dont la personne était couverte, ainsi que les papiers qui auraient été trouvés sur elle*), est décédé (*ou* a été trouvé mort) le à l'heure de (*indiquer le lieu du décès*), Sur quoi nous, etc. (*Terminer comme la formule* n° 32.)

N° 34. — *Procès-verbal de transcription d'un acte de naissance d'un enfant né pendant un voyage sur mer.*

L'an nous N. , officier de l'état civil de la commune d , canton d , département d , avons reçu de M. le ministre de la marine et des colonies, une expédition de l'acte de naissance de (*prénoms et nom de l'enfant*), fils (*ou* fille) de (*prénoms*, *noms*, *professions et domicile des père et mère*); en conséquence, et en conformité de l'art. 60 du code civil, nous avons transcrit de suite sur les deux registres le contenu en ladite expédition, qui demeurera annexée au registre qui doit être déposé au greffe du tribunal; de quoi nous avons dressé le présent acte que nous avons signé sur les deux registres, lesdits jour, mois et an.

(*Signature.*)

On fait suivre immédiatement cet acte de la transcription de l'expédition dont il y est parlé, que l'on termine par ces mots: *Certifié conforme, par nous, officier de l'état civil, soussigné.*

(*Signature.*)

Observation. Cette formule, avec les modifications que peuvent exiger la différence des cas, est applicable aux diverses transcriptions d'actes adressés à l'officier de l'état civil, et dont il est parlé au § 1er du chapitre V, page 27.

N° 35. — *Inscription d'un acte d'adoption sur le registre des naissances.*

L'an , le du mois d , à heure de , par devant nous (*nom et qualité du fonctionnaire*), officier de l'état civil de la commune d canton d , département d est comparu (*prénoms, nom, âge, profession et domicile de l'adoptant ou de l'adopté qui requiert*), lequel nous a représenté l'expédition d'un arrêt de la cour royale d , en date du , confirmatif d'un jugement du tribunal de première instance d , en date du , portant homologation de l'acte passé devant le juge de paix du canton d , le , par lequel N. (*prénoms et nom de l'adoptant*), déclare adopter N. (*prénoms et nom de l'adopté*), et qu'il nous requiert d'inscrire sur les registres de l'état civil. Faisant droit à sa réquisition, nous, officier de l'état civil, après avoir pris lecture de l'arrêt de la cour royale d , et nous être assuré qu'il ne s'est pas écoulé trois mois depuis le jour où il a été rendu, et nulle opposition ne nous étant parvenue, nous avons reçu la susdite déclation, et avons dressé le présent acte, qui a été transcrit sur les deux registres, à la suite dudit arrêt, et signé par nous et le requérant, après lecture faite, lesdits jour, mois et an. (*Si le requérant ne sait ou ne peut signer, il en sera fait mention.*)

INSTRUCTION

SUR LA RÉDACTION DES PROCÈS-VERBAUX.

Les mêmes motifs qui, dans la plupart des communes rurales, obligent d'avoir recours à un secrétaire de mairie pour la rédaction des registres de l'état civil, peuvent également rendre nécessaire le concours de cet employé pour la rédaction des procès-verbaux; et c'est pour compléter sous ce rapport ce petit traité, particulièrement destiné aux instituteurs ou autres, employés comme secrétaire de mairie dans les communes peu considérables, que nous exposerons ici les règles à suivre pour la rédaction des actes de cette nature.

I. La faculté de rédiger des procès-verbaux est donnée aux dépositaires ou agents de l'autorité civile pour constater, soit des événements imprévus, soit des crimes, délits ou contraventions qualifiés par les lois ou par les réglements de police, soit enfin des désordres publics de nature à compromettre la tranquillité ou la sûreté des personnes ou des propriétés.

*

II. D'après ce principe, les agents de l'autorité civile n'ont point à intervenir pour des faits qui se rapporteraient à des intérêts purement personnels. Ainsi, les invectives, les querelles d'individu à individu, en tant qu'elles ne portent aucune atteinte à la tranquillité publique, ne peuvent donner lieu à la rédaction d'un procès-verbal de la part de l'autorité civile. Dans ce cas, c'est à l'autorité judiciaire que les parties contendantes doivent s'adresser pour faire entendre les plaintes qu'elles auraient à former.

III. C'est au maire ou à l'adjoint ou au commissaire de police, dans les lieux où il en existe, qu'il appartient de dresser procès-verbal des faits attentatoires à la sûreté des personnes ou des propriétés, ou au maintien du bon ordre, ou à l'observation des lois et des réglements de police. — Lorsqu'il s'agit d'un délit rural, le procès-verbal est fait par le garde-champêtre : il peut l'être également par le maire ou l'adjoint.

IV. Un procès-verbal rédigé par un agent de l'autorité civile doit être clair, concis, exact et impartial.

Clair, c'est-à-dire que les faits rapportés doivent être précisés de manière à ne laisser aucun doute sur les diverses circonstances qui les ont accompagnés, et à ne donner lieu à aucune fausse interprétation.

Concis, c'est-à-dire qu'il ne doit énoncer que les faits et les circonstances qui s'y rattachent, sans aucune réflexion ni commentaire.

Exact, c'est-à-dire qu'il doit présenter les faits ou rapporter les déclarations avec simplicité et véracité.

Impartial, c'est-à-dire qu'il ne doit contenir aucune observation incidente qui tendrait, soit à atténuer, soit à incriminer les faits. Il n'appartient point au fonctionnaire ou agent rédacteur d'un procès-verbal d'exprimer une opinion sur les faits qu'il rapporte.

V. Un procès-verbal doit énoncer, 1° l'année, le jour et l'heure de sa rédaction ; 2° les nom et qualité du fonctionnaire ou de l'agent qui le rédige ; 3° le lieu où il est rédigé ; 4° la circonstance qui donne lieu à sa rédaction ; 5° l'exposé des faits ; 6° les prénoms, noms, âges et demeures des témoins ou déclarants, s'il y en a ; 7° il doit être signé par le fonctionnaire qui le rédige, et par le plaignant, s'il y a plainte.

VI. Tout procès-verbal rédigé par un agent de l'autorité civile doit être visé pour timbre, et enregistré en *débet dans les quatre jours de sa date*, à peine de nullité. (*Loi du* 22 *frimaire an* VII.)

VII. Tout procès-verbal rédigé par un garde-champêtre, doit en outre, aussi à peine de nullité, être affirmé, *dans les vingt-quatre heures*, devant le juge de paix ou devant le maire, qui certifie cette affirmation, en mentionnant le jour et l'heure auxquels elle a été faite. (*Lois des* 23 *thermidor an* IV, *et* 28 *floréal an* X.)

VIII. Aussitôt qu'un procès-verbal est rédigé par un agent de l'autorité civile, et revêtu des formalités indiquées sous les numéros 6 et 7, il doit être transmis à l'autorité judiciaire; copie doit en être adressée en même temps à l'autorité civile supérieure, c'est-à-dire au sous-préfet ou au préfet.

Les cas qui peuvent donner lieu à la rédaction d'un procès-verbal sont trop nombreux pour qu'on puisse les détailler dans cette simple instruction.

La nomenclature qu'on en pourrait donner, quelque étendue qu'elle fût, serait encore incomplète, car on ne saurait prévoir toutes les circonstances qui peuvent modifier de tant de manières des faits de même nature, quant au fond. Nous nous bornons donc à indiquer ici quelques-uns des principaux cas, parmi ceux qui peuvent donner matière à la rédaction d'un procès-verbal. Ces cas sont ceux :

D'accident imprévu,

De mort violente,

De vol,

De délit de chasse,

De délits ruraux, tels que dégradation des chemins, ou anticipations sur leur largeur, etc.

De vente à faux poids ou fausses mesures,

De rassemblements nocturnes dans les cabarets,

De troubles à l'ordre public, etc., etc.

Les formules qui suivent, et qui sont applicables aux divers cas dont il vient d'être parlé, suffiront pour mettre au fait de la rédaction des procès-verbaux, actes qui, dans leur contexture, n'offrent ordinairement de différence que dans l'énoncé des faits et des circonstances qui les accompagnent.

FORMULES DE PROCÈS-VERBAUX.

N° 1. — *Procès-verbal constatant un accident.*

L'an mil huit cent le heure de nous, maire (*ou* adjoint) de la commune d sur l'avis qui nous a été donné par le sieur (*prénoms*, *nom*, *profession et domicile*), qu'une charrette attelée de chevaux, avait renversé un cabriolet dans le chemin de au lieu de nous sommes transportés audit lieu, où nous avons trouvé ledit cabriolet renversé et brisé. Le sieur , qui se trouvait dans ledit cabriolet, nous a déclaré que le voiturier par qui il a été rencontré, était monté sur un de ses chevaux et qu'il en pressait la marche, malgré les cris du déclarant qui craignait d'en être blessé. Nous avons reconnu par l'inspection de la plaque de la charrette que son propriétaire était le sieur (*prénoms*, *nom*, *profession et domicile*), et avons déclaré au voiturier qui la conduisait que nous dressions procès-verbal de sa contravention pour être remis à qui de droit et être procédé conformément à la loi.

Fait à , les jour, mois et an que dessus.

N° 2. — *Procès-verbal constatant un incendie.*

L'an mil huit cent , le , heure de , nous (*qualité du fonctionnaire public*) de la commune de , sur l'avis qui nous a été donné par le sieur (*prénoms, nom, profession et domicile*) (*ou* par la clameur publique), qu'un incendie avait éclaté au lieu de , dans la maison du sieur (*prénoms, nom, profession et domicile*), située rue (*ou* au lieu de) en cette commune, avons aussitôt donné ordre au commandant de la garde nationale de faire battre la caisse pour réunir les gardes nationaux, à l'effet de porter des secours; avons également donné ordre de sonner la cloche, à l'effet d'appeler au secours les habitants des lieux circonvoisins. Et nous étant de suite transporté au lieu de l'incendie, et y ayant trouvé un certain nombre de personnes, nous nous sommes occupé de les diriger dans les secours qu'elles apportaient, en organisant une chaîne continue pour l'apport de l'eau, etc. (*Détailler les mesures prises.*)

Au moyen de ces dispositions et du zèle avec lequel elles ont été secondées, on est parvenu à se rendre maître du feu et par suite à l'éteindre, après heures de travail.

Procédant ensuite à l'examen des dommages, avons reconnu que le feu avait détruit (*Détail du dégât.*)

Ayant pris des informations sur les causes qui avaient pu occasionner cet incendie, il nous a été déclaré par le sieur que (*Mentionner la déclaration qui serait faite*).

Et de tout ce que dessus avons rédigé le présent procès-verbal, lesdits jour et an.

N° 3. — *Procès-verbal constatant un cas de mort violente.*

L'an mil huit cent , le , à heure du , nous de la commune de , averti par la clameur publique qu'un cadavre était gisant au lieu de , avons requis le sieur médecin, ainsi que les sieurs (*noms de deux témoins, leur âge, profession et domicile*) de nous accompagner audit lieu, où étant arrivé, nous avons effectivement trouvé gisant le cadavre d'un individu qui paraissait sans vie, et âgé d'environ . Le sieur , médecin, ayant, sur notre invitation, visité ce cadavre, nous a déclaré que la mort était constante, et qu'elle paraissait avoir été causée par une attaque d'apoplexie (*ou telle autre cause qui serait indiquée par le médecin*). Cet individu se trouvant inconnu, nous l'avons fait fouiller, et avons fait retirer de ses poches un portefeuille renfermant un passeport portant le nom de (*prénoms, nom, âge, profession et domicile*). L'examen du signalement dudit passeport nous a fait connaître que c'était celui du décédé. Sur l'attestation du médecin, relativement à la certitude du décès, nous avons déclaré que rien ne s'opposait à l'inhumation en la forme accoutumée;

Et de ce que dessus avons dressé le présent procès-verbal que le médecin et les témoins susnommés ont signé avec nous, lesdits jour, mois et an.

N° 4. — ***Procès-verbal constatant un vol.***

L'an mil huit cent , le , à heure du , nous de la commune d , sur l'avis qui nous a été donné par le sieur (*prénoms, nom, profession et domicile*), que des voleurs se sont introduits la nuit dernière dans sa maison, qu'ils ont ouvert une armoire, et ont enlevé les effets qu'elle renfermait, nous nous sommes à l'instant transporté dans ladite maison où étant, nous avons remarqué qu'une perche dressée proche la croisée d'un petit grenier, avait servi à grimper jusqu'à cette croisée, ainsi que le faisaient reconnaître les traces de souliers ferrés empreintes sur la muraille et sur le bord de ladite croisée, par où l'on s'est introduit d'abord dans le grenier, puis dans une chambre y attenante, où se trouvait une armoire dont la ferrure était forcée, et qui se trouvait vide. Le sieur , interrogé par nous sur la nature et le nombre des objets volés, a répondu qu'il avait été enlevé de ladite armoire, savoir : (*faire ici la désignation détaillée.*)

Nous avons également demandé au sus-nommé s'il soupçonnait quelqu'un de ce vol, et quels pouvaient être les motifs de ses soupçons, à quoi il a répondu (*mentionner ici la réponse avec détail et exactitude*).

Et de ce que dessus avons dressé le présent que ledit sieur a signé avec nous, après lecture faite, pour être adressé à qui de droit.

Fait à , lesdits jour, mois et an.

N° 5. — *Procès-verbal constatant un délit de chasse.*

Aujourd'hui , du mois de , l'an mil huit cent , à , heure du , je soussigné, garde-champêtre de la commune d commissionné en cette qualité, le , et assermenté, j'ai rencontré, en faisant ma tournée habituelle, revêtu de ma plaque, un particulier suivi d'un chien courant, porteur d'un fusil, et chassant dans (*indiquer l'endroit*); j'ai demandé à ce particulier, que j'ai reconnu pour être le sieur , demeurant à , s'il avait une permission pour chasser dans ledit lieu, et sur sa réponse négative, je lui ai fait observer qu'il se trouvait en contravention aux réglements concernant la chasse, et lui ai déclaré que je dressais le présent procès-verbal pour constater cette contravention.

Fait à , pour valoir ce que de droit, lesdits jour, mois et an que dessus.

(*Signature du garde-champêtre.*)

Affirmation.

Aujourd'hui (*date*) du mois de an , devant nous , juge de paix du canton d (ou maire de la commune d), s'est présenté le sieur , garde-champêtre, rédacteur du procès-verbal ci-dessus, lequel nous a affirmé le contenu dudit procès-verbal comme étant sincère et véritable.

De laquelle affirmation nous avons dressé acte conformément à la loi.

A , lesdits jour et an que dessus.

N° 6. — *Procès-verbal constatant une anticipation sur un chemin public.*

L'an mil huit cent , le , du mois d , nous de la commune d , passant sur le chemin d , avons reconnu que le sieur , en faisant entourer d'une haie sa propriété, située sur le bord dudit chemin, avait planté cette haie sur le chemin même, et en anticipant sur sa largeur. En conséquence, nous avons fait appeler ledit sieur , auquel nous avons fait observer qu'il avait commis une anticipation sur un chemin communal, et qu'il devait la faire disparaître. Sur son refus, nous lui avons déclaré que, pour conserver les droits de la commune, et pour obtenir la répression d'une entreprise qui lui était préjudiciable, nous dressions le présent procès-verbal qui serait transmis à qui de droit.

Fait à , lesdits jour, mois et an.

N° 7. — *Procès-verbal constatant une vente à faux poids.*

L'an mil huit cent , le à heure du , nous de la commune d , sur la déclaration à nous faite par le sieur (*prénoms, nom, profession et domicile*), qu'il avait acheté plusieurs fois chez le sieur , boulanger en cette commune, du pain qui n'avait pas le poids fixé, voulant nous assurer du fait, nous sommes transporté chez ledit sieur , où étant, nous avons fait peser en notre présence plusieurs des pains qui se trouvaient dans sa boutique, et parmi lesquels nous en avons trouvé (*le nombre*), qui au lieu de peser , ainsi qu'il est déterminé par les réglements, ne pesaient que . En conséquence, nous avons constaté cette contravention aux réglements par la rédaction du présent, et nous lui avons déclaré la saisie du pain qui n'avait pas le poids légal, et qu'il serait procédé contre lui conformément à la loi.

Fait à , lesdits jour, mois et an.

N° 8. — *Procès-verbal constatant un rassemblement nocturne dans un cabaret.*

L'an mil huit cent le à onze heures du soir, nous de la commune de , informé qu'il y avait du tapage chez le sieur , cabaretier en cette commune, nous y sommes transporté, et y avons trouvé plusieurs individus qui buvaient et chantaient de manière à troubler le repos public. Nous avons fait observer auxdits individus qu'il était heure indue, et les avons sommés de se retirer, ce qu'ils ont fait sur-le-champ.

Ensuite nous avons fait observer au sieur cabaretier, qu'il était en contravention au réglement de police, en date du , par lequel il lui était défendu de donner à boire chez lui, passé heures du soir, et lui avons déclaré que nous rédigions le présent procès-verbal pour constater ladite contravention, et par suite duquel il serait procédé à son égard selon ce que de droit.

Fait à , lesdits jour, mois et an.

TABLE DES MATIÈRES.

FIN.

Imprimerie de E. Dézairs, à Blois.

www.ingramcontent.com/pod-product-compliance
Ingram Content Group UK Ltd.
Pitfield, Milton Keynes, MK11 3LW, UK
UKHW022045170726
13837UKWH00002B/792

9 782329 494036